Nymphenburg für Kinder

Johann Daniel Gerstein

Nymphenburg für Kinder

Eine Rötelmaus erzählt
vom Park, seinen Schlösschen,
Pflanzen und Tieren

Langemann & Langemann

Was wird wo erzählt in diesem Buch

So, wie sich Nymphenburg damals und heute zeigt, war es nie geplant. Es entstand seit dem 17. Jahrhundert in vielen einzelnen Schritten. Praktisch alle bayerischen Kurfürsten und Könige haben in Nymphenburg etwas gebaut, manche mehr, manche weniger. Die Vorbilder für Park und Schloss sind wahrhaft europäisch, sie reichen vom italienischen Villenbau über holländische Schlösser mit ihren Kanalsystemen bis zu den großen französischen Königsschlössern.

Heute befinden sich in der riesigen Anlage das Schlossmuseum, das Marstallmuseum mit den Kutschen und ein Porzellanmuseum. Das Museum Mensch und Natur ist nicht nur für Kinder interessant. Die Münchner aber gehen am liebsten im Park spazieren.

Die Geburt eines Kindes war Anlass für die Anlage von Park und Schloss Nymphenburg. Kurfürst Ferdinand Maria von Bayern schenkte seiner Frau Henriette Adelaide das Stück Land zur Geburt des ersehnten Kronprinzen Max Emanuel. Das war 1662.

Im Zusammenspiel von Gartenkunst und Baukunst entstand mit der Zeit ein einzigartiges Gesamtkunstwerk. Park, Schloss und Schlösschen wurden zu einer vollkommenen Anlage. Der anfangs bescheidene Garten wuchs unter den Händen und Einfällen der Gartenkünstler zu einem Landschaftspark heran, der aussieht, als sei er immer schon da gewesen. Ländlich und beschaulich lag Nymphenburg zur Geburt des Kronprinzen noch zwei Wegstunden von der Münchner Residenz entfernt.

Heute ist der Park eine grüne Lunge der Großstadt München. Er bietet immer noch vielen Tieren und Pflanzen Lebensraum mitten in der Stadt. Durch seine Vielfalt an Natur und Architektur hat der Nymphenburger Schlosspark für jeden Spaziergänger seinen besonderen Reiz. Er ist für weit gereiste Besucher aus Übersee genauso attraktiv wie für die Kinder und ihre Eltern aus der Nachbarschaft, sei es aus Neuhausen, Laim und Moosach oder aus der Umgebung Münchens. Allen Besuchern des Parks ist dieses Buch gewidmet.

Ich wünsche der sympathischen Rötelmaus viele große und kleine Zuhörer, die ihren Spuren und Erzählungen aufmerksam folgen und dazu angeregt werden, selbst zu beobachten und auf Entdeckungsreisen zu gehen.

Herzog Franz von Bayern

Nymphenburg, im Frühjahr 2007

*E*s gibt schon sehr viele Bücher über den Nymphenburger Park. Die einen sind voll wunderschöner Bilder, die anderen erzählen von der Geschichte des großen Schlosses, der kleinen Schlösschen und davon, wie schön es innen aussieht und wer sie wann gebaut hat. In wieder anderen steht alles ganz genau. Zum Beispiel, wie groß der Park ist, wie viel Wasser- und wie viel Landfläche er hat, wie viele Meter Wege es gibt und wie hoch die Fontänen spritzen, wenn sie angedreht werden.

Über die großen und kleinen Tiere im Park, über die Bäume und über die Blumen gibt es nicht viel Geschriebenes. Und über uns, die Rötelmäuse, schon gleich gar nichts, obwohl wir, wie Ihr gleich hören werdet, die ältesten Bewohner des Nymphenburger Parks sind.

Es gibt auch kein Buch für Euch, für Kinder meine ich damit. Wenn ich vor meinem Mäuseloch sitze und Kindern, ihren Eltern oder Großeltern zuschaue und lausche, höre ich immer wieder, dass Kinder etwas wissen wollen und ihre Begleiter fragen: ›Was ist das? Wie heißt das? Warum ist das?‹ Das höre ich, und oft höre ich auch, dass die Antworten der Erwachsenen falsch sind. Deswegen habe ich mich zuerst einmal hingesetzt und angefangen, über die Tiere und von den Tieren zu erzählen, was ich weiß und was meine Vorfahren berichtet und ihren Kindern beigebracht haben, bis es zu mir gekommen ist. Gleichzeitig habe ich einen Fotografen gebeten, schöne Bilder davon zu machen, damit Ihr und Eure Begleiter nicht nur ein Erzählbuch haben, sondern auch in einem Bilderbuch anschauen können, was Ihr seht oder

Den Monopteros hat der Architekt Leo von Klenze an den See bei der Badenburg gebaut. Das kleine Rundtempelchen hat nur die Aufgabe, die Blicke der Parkbesucher auf sich zu ziehen und so eine schöne Abwechslung zwischen den mächtigen Bäumen zu bieten. Solche Anblicke hat der Gartenarchitekt Friedrich Ludwig von Sckell ›Ahas‹ genannt, weil es wirklich ein Aha-Erlebnis ist, wenn man den Monopteros dort stehen sieht.

9

Natur und Kunst gehören im Park eng zusammen. Die kunstvolle Statue schaut auf die Rötelmaus herunter und dient dabei der Amsel als Ansitz und Ausguck.

sehen könnt, wenn Ihr genau hinschaut. Die Bilder sollen Euch und vielleicht auch Euren Eltern und Großeltern zugleich dabei helfen, das Gesehene beim richtigen Namen zu nennen. Auch Erwachsene wissen nicht alles. Brauchen sie ja auch nicht.

Als die Bilder fertig waren, habe ich gemerkt, dass man nicht im Park herumlaufen kann, um nur die Tiere, die Bäume und die Pflanzen zu beobachten und kennen zu lernen, so wichtig sie auch sind.

Der Park – mein Nymphenburger Park – ist eine Einheit, zu der neben den Tieren, Bäumen und Pflanzen auch die Schlösschen, der Pan mit dem Ziegenbock, die Fontäne und die Kaskade genau so gehören wie die Figuren und der Apollo-Tempel. Deswegen wollte ich auch davon berichten. Da wurde mein Buch dicker und dicker, und schließlich war es einfach zu dick.

Dann habe ich an meinen Vater gedacht, der so gut erzählen konnte. Er hat einmal gesagt: »Erzählen kann jeder, gut erzählen kann nicht jeder. Erzählen ist nämlich auch die Kunst des Weglassens. Durch alles, was man weg lässt, bekommt das, was übrig bleibt, seine eigentliche Bedeutung. Deswegen soll man nur erzählen, was wichtig ist.«

Weil das so ist, will ich versuchen, Euch das ›Wichtige‹ mit ganz anderen Worten noch einmal zu sagen:

Ich will Euch mit diesem Buch zeigen, was im Nymphenburger Park so schön und besonders ist. Wichtig ist vor allem, dass man mit offenen Augen nicht nur durch unseren Park, sondern überhaupt durch die Welt geht. Dazu gehört, dass man neugierig ist und neugierig bleibt. Dann wird man reicher werden als die, die nicht neugierig sind und nichts dazu lernen wollen, weil sie meinen, sie wüssten schon alles.

Deswegen hoffe ich, dass Ihr diesen, meinen, Euren, unseren Park jedes Mal reicher verlasst, als Ihr ihn betreten habt. Das würde mein kleines Mäuseherz sehr glücklich machen, denn dann hätte ich dieses Buch nicht umsonst geschrieben, und alles, was meine Vorfahren überliefert haben, würde nicht nur einen Sinn haben, sondern auch Euer Leben schöner machen.

Wenn Ihr wollt, könnt Ihr dieses Buch auch als Tagebuch benutzen. Ihr könnt am Ende jedes Spazierganges aufschreiben, was Ihr wann wo gesehen habt. Dafür sind die grünen Seiten am Ende einiger Kapitel gedacht. Vielleicht schreibt Ihr ja auch nur einfach auf, was Ihr sonst noch im Park gemacht oder beobachtet habt. Das müsst Ihr nicht, aber Ihr könnt es, wenn Ihr Lust dazu habt. Und nun geht's los:

Wisst Ihr, warum es den Nymphenburger Park gibt?

Ihr dürft nicht glauben, der Nymphenburger Park wäre schon immer ein Park gewesen und alle Menschen wären so darin herum spaziert wie Ihr heute. Das Schloss, den Park und alle Schlösser und Figuren darin gibt es nämlich erst seit ungefähr 400 Jahren.
Wir Rötelmäuse wissen noch genau, wie und wann es zum Park und den Schlössern gekommen ist, und vor allem auch, wie es vorher war. Unsere Familie ist nämlich über 700 Jahre alt. Seit dieser Zeit besitzt sie hier Grund und Boden. Ihr kennt uns sicher noch gar nicht. Wir sind etwas kleiner als die Mäuse, die ihr zu Hause manchmal seht und die Eure Eltern vielleicht in Mause-

Achtung! Spaziergänger und tobende Kinder – da heißt es für mich Vorsicht beim Verlassen der Rötelmauswohnung. Am liebsten laufe ich abends und nachts durch den Park, wenn die Menschen in ihren Häusern sitzen. Trotzdem könnt Ihr mich mit Geduld und Glück auch tagsüber entdecken. Wenn Ihr still seid und in der Nähe der Futterhäuschen auf den Boden schaut, könnt Ihr mich und meine Familie sehen, wie wir Sonnenblumenkerne und anderes Vogelfutter sammeln. Das mögen wir genauso gern, wie Ihr Eis esst.

Hier und da finden sich an schönen, stillen Plätzen im Park in Bäume ein- geritzte Liebesschwüre. Sie bleiben für immer als Wunden in der Rinde. Niemand sollte deshalb in die Haut der Bäume schneiden, denn die leben länger mit diesen Wunden, als die beschworene Liebe dauert.

fallen mit Speck oder Käse fangen. Wir sind auch nicht grau, son- dern eher rot-braun. Wir haben größere Augen und einen län- geren Schwanz als die Hausmäuse. Ehrlich: Von allen Mäusen sind wir die schönsten. Wenn Ihr Euch auf eine Bank setzt, neben der ein Futterhäuschen für die Vögel steht, und ganz still wartet, könnt Ihr uns mit etwas Glück entdecken. Dann könnt Ihr selbst herausfinden, wie wir aussehen und wie schön wir sind. Doch nun zurück zu unserem Park.

Ziemlich genau da, wo ich jetzt mein Mauseloch und meine Woh- nung habe, lebten einstmals auch meine Vorfahren, also meine Ur-Ur-Ur – ich weiß nicht wie viele noch – Väter. Die hatten, wie auch wir heute, weder Fernsehen, Radio noch Zeitungen. Sie konn- ten auch nicht lesen. Was sie aber konnten: erzählen. Und weil sie das sehr gut konnten, haben sie immer ihren Kindern erzählt, wie es früher einmal war. Sie haben ihnen auch beigebracht, genau hinzuschauen und aufzupassen, was um sie herum geschieht. Das ist nicht nur für Mäuse lebenswichtig. Diejenigen, die überlebt haben, haben es wieder ihren Kindern weitergegeben, bis mein Vater und meine Mutter es mir erzählt haben. Auch ich werde es einmal weitergeben. Weil ich aber noch keine Rötelmauskinder habe, erzähle ich nun Euch vom Leben im Park und seiner Ver- gangenheit, damit Ihr wisst, wie es früher war. Das nennt man Geschichte.
Später erzähle ich Euch, was es jetzt im Park alles zu sehen gibt, wer es gebaut hat und wie es heißt. Wer das alles weiß, hat etwas, was man Bildung nennt.

Es war so: Wo jetzt der Park liegt mit seinen Seen und Bächen, seinen Lichtungen, seinen kleinen Wäldchen und Gehölzen und den dicken Schlossmauern außen herum, war bis zur Mitte des 17. Jahrhunderts, also bis vor 450 Jahren, eine Schwaige. Das ist der alte Name für einen großen Bauernhof mit Weiden, Büschen und Bäumen. Dort ließen Bauern ihre Kühe, Schweine, Schafe und Ziegen weiden. Dort lebten aber auch Rehe, Hasen, Hirsche und andere wilde Tiere, Füchse und Dachse zum Beispiel und große und kleine Vögel.

Die Bauern trieben ihr Vieh auf die Schwaige, wo es Gras, Laub und im Herbst Eicheln und Bucheckern fraß. Sie sammelten Beeren, Pilze und vor allem Holz für ihre Öfen zum Kochen und Heizen, denn es gab ja damals weder Strom noch Gas.

Schon zu dieser Zeit lebten auch wir hier. Es ging uns Rötelmäusen fast besser als den Menschen, die zum Teil sehr arm waren, im Winter froren und oft Hunger hatten. Mein Ur-Ur-Ur – Ihr wisst schon – dachte, dass es immer so bliebe und war's zufrieden.

Da kam auf einmal Unruhe auf. Kurfürst Ferdinand Maria von Bayern, der von 1651 bis 1679 regierte, hatte seiner Frau Henriette Adelaide von Savoyen die Schwaige geschenkt, nachdem er sie vorher gekauft hatte. Nun ließ er dort für sie ein großes Landhaus, beinahe schon ein Schloss, bauen. Die Kurfürstin hatte ihm nämlich eine Tochter und wenig später einen Sohn geboren. Das freute ihn mächtig.

Das bin ich, die Rötelmaus. Meine Ur-Ur-Ur-Großeltern haben fast genau so ausgesehen: Zierlich mit großen Augen, kleinen Ohren und einem hübschen rotbraunen Pelz.

Henriette Adelaide war gescheit, kunstverständig und schwärmerisch. Sie taufte die Schwaige auf den Namen ›Borgo delle Nynfe‹. Das ist italienisch und heißt ›Weiler der Nymphen‹ oder: ›wo die Nymphen weilen‹. Daraus wurde später Nymphenburg. Wir, die hier seit alters her residierenden Rötelmäuse, durften uns fortan ›von und zu Nymphenburg‹ nennen. Diesen Titel tragen wir heute noch voller Stolz. Wir sind schließlich fast die einzigen, die immer noch da wohnen, wo sie schon immer gelebt haben.

Mein Ur-Ur-Ur – Ihr wisst schon – dachte, dass er und seine Familie nun, nachdem das Schloss fertig war, wieder ihre Ruhe haben würden. Daraus wurde leider nichts. Von nun an ist fast ununterbrochen gebaut worden, und die Schwaige wurde ganz langsam zu einem Park .

Der Sohn der Kurfürstin hieß Max Emanuel. Die Bayern nennen ihn auch den ›Blauen Kurfürsten‹ und sind sehr stolz auf ihn.

Er baute den Landsitz seiner Mutter in ein gewaltiges Schloss um.

Wenn wir später die Schlösschen im Park ansehen, werde ich Euch noch mehr von den Herrschern erzählen, die sie erbauen ließen. Vor allem müsste ich Euch dann auch von einem Mann namens Friedrich Ludwig von Sckell erzählen, der den Park später fast genau so gestaltet hat, wie Ihr ihn heute noch vorfindet.

Meine Ur-Ur-Ur – Ihr wisst schon – und alle ihre Nachfahren haben sich mit der ewigen Bauerei und Umbauerei abgefunden. Auch mit der wechselnden Benutzung des Parkes waren sie schließlich zufrieden. Sie haben erzählt, wie fein es dort einmal in einer Zeit zugegangen ist, die Barock oder Rokoko heißt. Nur Personen, die bei Hof zugelassen waren, durften damals im Park spazieren gehen, tanzen, essen, allerhand Spiele machen und sich sonst amüsieren. Natürlich brauchten sie dafür auch Helfer: Köche, Kellner und Kellnerinnen, Gärtner und Gärtnergehilfen, Diener und Dienerinnen, Musiker und Schauspieler. Die durften zwar auch in den Park, aber sie mussten dort dafür schwer arbeiten.

Es gibt große Tiere im Schlosspark, die nicht weglaufen, wenn man ihnen nahe kommt. Der steinerne Löwe hier hat schon seit vielen Jahren die wichtige und würdevolle Aufgabe des Wappenhalters.

Erst Kurfürst Karl Theodor, der von 1777 bis 1799 regierte und aus der Pfalz nach München kam, hat das geändert. Ihm war, so hört man, der Park so egal, dass er ihn für alle Menschen öffnete. Seither ist bei uns viel mehr los als früher. Das ist natürlich nur teilweise gut für uns Rötelmäuse, aber wir nehmen es hin. Einerseits haben wir mehr zu fressen, weil die Menschen die Vögel füttern und wir davon einen Teil abbekommen. Andererseits stören die Menschen mit ihrem Geschrei, ihrer ewigen Rederei und ihren vielen Hunden unsere Ruhe, die wir zum Nachdenken und zum Erzählen dringend brauchen.

Protestieren würde uns aber sowieso nichts nützen.

Wenn die Abendsonne tief im Westen steht, vergoldet sie das Schloss, dass es wie im Märchen glänzt.

Niemand in ganz Bayern hat es seit dem Jahre 1777 gewagt, Eintrittsgeld für den Besuch des Parks zu nehmen oder den Eintritt für Menschen, die nicht bei Hof zugelassen waren, zu verbieten.

Ein einziges Mal hat es eine Ausnahme gegeben. Das war gegen Ende des vorigen Jahrhunderts, als ich noch ein recht junger Rötelmäuserich war. Meine Mutter hat mir damals die Zusammenhänge erklärt. Es ist so, dass die bayerischen Herzöge und Könige alle aus der Familie der Wittelsbacher stammen. Ihr findet sie auf der grünen Tafel auf Seite 18. Die hatten nun auch wieder Söhne und Töchter, die so alle zur Familie der Wittelsbacher gehörten wie wir zur Familie der Rötelmäuse. Sie heißen bayerische Prinzen oder Prinzessinnen. Der jeweils älteste von ihnen heißt Herzog. Könige sind sie nicht mehr, weil die Herrschaft von Königen, die man Monarchie nennt, zu Beginn des vorigen Jahrhunderts abgeschafft worden ist. Wir haben jetzt in Bayern eine Demokratie, das ist eine Volksherrschaft. Viele Bayern, besonders die Besucher unseres Parks, hätten nichts dagegen, wenn es bei uns wieder eine Monarchie gäbe. Sie hatten ihre Könige gern. Sie mögen auch heute noch die Wittelsbacher Prinzen und den jeweiligen Herzog, weil die ›ihre‹ Bayern auch gern haben. Sie verstehen, ihnen das zu zeigen, ohne eingebildet zu sein. Deswegen finden die Bürger es gut und richtig, dass auch heute noch der Herzog eine schöne Wohnung im Schloss und ein Büro und große Zimmer hat. Dort kann er arbeiten und Menschen empfangen, mit denen er reden will oder die mit ihm sprechen wollen.

Hier lässt sich Herzog Albrecht zu seinem 90. Geburtstag auf dem Balkon des Nymphenburger Schlosses von seinen Gästen feiern. Für solch offizielle Feiern sind Balkons ideal: Das ›Geburtstagskind‹ steht nicht inmitten der vielen Gäste im Park, ist aber auch nicht nur mit seinen engsten Freunden im Schloss. So können alle den Jubilar sehen und hochleben lassen.
So machen es auch die Fußballer, die sich, wenn sie Meister geworden sind, auf dem Münchner Rathaus-Balkon feiern lassen.

Der vorletzte Herzog hieß Albrecht von Bayern. Ich habe ihn manchmal noch im Park spazieren gehen sehen, in einem braunen Lodenmantel mit einem Jägerhut. Er hatte keine Krone auf, weil er ja kein König mehr war. Menschen, die ihn erkannt haben, haben trotzdem »Königliche Hoheit« zu ihm gesagt, und er hat sie freundlich gegrüßt und mit ihnen geredet. Ein scharfes Jägerauge hatte er. Wenn er mich an der Pagodenburg gesehen hat, hat er nur ein bisschen geblinzelt. Natürlich wusste er, wie lange unsere Familie schon in seinem Park lebt. Er wusste überhaupt alles über die Tiere im Park und in der Natur und war ein begeisterter Jäger und Fischer.

Dieser Herzog Albrecht also hat an seinem 90. Geburtstag ungefähr 1000 Gäste in das Schloss und in den Park eingeladen. Da stand er am Vormittag wie ein rechter König auf dem Balkon des Schlosses und grüßte seine Gäste – neben ihm seine Familie, der Prinz Franz, der jetzt Herzog ist und andere. Daneben standen auch der Ministerpräsident von Bayern mit seiner Frau, der Kardinal, der Bischof und Könige und Prinzen aus ganz Europa. Unter ihm im Park aber waren ›seine‹ Bayern mit ihren Fahnen, ihren Blaskapellen, Beamte und Künstler, Wirtschaftsbosse und Bürgermeister aus München und Umgebung und andere Menschen, die er besonders gern hatte. Auch ich stand da, an der Hand meiner Mutter. Ich wusste, dass dies ein großer Augenblick war, den ich nicht vergessen würde. Es gibt sogar ein Bild davon, aber ich bin nicht darauf zu sehen. Ich zeige es Euch trotzdem. Ihr müsst Euch vorstellen, dass ich in der linken unteren Ecke vor meinem Mauseloch den König, Verzeihung, den Herzog, genau so hoch leben ließ wie alle Menschen im Park.

Das also war der Tag, an dem der Park nur für die geöffnet war, die bei Hofe verkehren durften. Klar, dass die Rötelmäuse dazu gehörten. Herzog Albrecht hat ja die Tradition immer sehr hoch gehalten. Es gab damals im Park viel zu essen und zu trinken. Von den Resten wurden wir nicht nur satt, sondern wir konnten auch unsere Speisekammern unter der Erde damit füllen. Es war ein großer Tag, eben ein richtiger Geburtstag. Dann war der Park wieder, wie immer, für alle Menschen geöffnet, für Kinder und Erwachsene, Münchner und Bayern, Touristen, Ausländer, Italiener, Amerikaner und Japaner vor allem. Sie alle besuchen den Park und uns, zu allen Jahreszeiten, bei jedem Wetter, ob's schneit, regnet oder die Sonne scheint.

Nur nachts wird der Park zugesperrt. Das finde ich gut so, denn sonst kämen wir und die anderen Tiere im Park überhaupt nicht mehr zur Ruhe. Schließlich sollen die Menschen nicht vergessen, dass wir zuerst da waren.
Deswegen müssen wir Mäuse und alle anderen Tiere doch auch einige Rechte haben und behalten.

Bevor der Park am Abend zugesperrt wird, schaut ein Parkwächter nach, ob auch alle Besucher heimgegangen sind. Damit er nicht so viel laufen muss, benützt er ein echt bayerisches Dienstradl. Er ist der Einzige, der im Schlosspark radeln darf.

17

Die bayerischen Herrscher, die für Park und Schloss Nymphenburg besonders wichtig waren

Kurfürst Ferdinand Maria
regiere 1651 – 1679,
schenkte seiner Ehefrau Henriette Adelaide von Savoyen die Schwaige, die damals ein landwirtschaftliches Gut war. Sie baute sich hier ein Lustschloss und einen kleinen Park und nannte beides ihren ›Borgo delle Ninfe‹.

Kurfürst Max Emanuel
(Der Blaue Kurfürst)
regiere 1679 – 1726,
errichtete die große Schlossanlage, wie Ihr sie heute sehen könnt. Der Park wurde vergrößert. Es wurde die Badenburg (mit einem Schwimmbad zur Erholung) die Magdalenenklause (mit einer Muschelkapelle für eine Andacht) und die Pagodenburg (zum Teetrinken und Kartenspielen) gebaut. Im Park fanden fantastische Feste statt.

Kurfürst Karl Albrecht
(später Kaiser Karl VII.)
regiere 1726 – 1745,
schenkte seiner Ehefrau die Amalienburg als Jagdschlösschen. Ein Baumeister namens François Cuvilliés hat es entworfen. Amalie jagte vom Balkon aus auf Fasanen und kochte selbst in der Küche.

Kurfürst Maximilian III. Joseph
regiere 1745 – 1777,
jagte gern und liebte die Tiere. Er ließ ein Gehege für Biber einrichten. Für den Biberwärter und andere Bedienstete wurde das ›Dörfel‹ gebaut.

Kurfürst Karl Theodor
aus der Pfälzer Linie
regiere 1777 – 1799,
ist die Öffnung des Parks für jedermann zu verdanken.

Kurfürst Max IV. Joseph
(später König Max I.)
regiere 1799 – 1825,
lebte mit seiner Familie das ganze Jahr über (außer im Winter) in Nymphenburg. Er ließ den Park durch den Gartenarchitekten Sckell ändern. Nun gab es geschwungene Wege, große Seen Wälder und Wiesen. Dazu Pflanzhäuser, Fontänen und eine Menagerie mit Papageien, Lamas, Kängurus und einem Affen namens Coco. Seine Kinder bekamen das Prinzengärtchen mit Ziegen, Kaninchen, Hühnern und den ersten Schwänen.

König Ludwig I.
regiere 1825 – 1848,
ist in Nymphenburg mit den Tieren seines Vaters aufgewachsen. Im Park hat er Versuche mit den ersten Eisenbahnen gemacht und im Winter Schlittenfahrten von München zur Amalienburg veranstaltet. Er erlaubte den Englischen Fräulein, im Schloss eine Schule einzurichten. Der Monopteros aus Holz wurde gebaut.

König Maximilian II. Joseph
regiere 1848 – 1864,
verbrachte mit seiner Ehefrau Marie Friederike einen großen Teil seines Lebens auch im Winter in Nymphenburg. Er legte Königswege an und ließ am großen See den Monopteros aus Stein errichten.

König Ludwig II.
(Der Märchenkönig)
regiere 1864 – 1886,
wurde im Schloss geboren. Er erlernte das Reiten im Park und verlegte eine ganze Reiterschwadron nach Nymphenburg, so dass man vor dem Schloss nun Pferde in der Schwemme baden sehen konnte.

Prinzregent Luitpold
regiere 1886 – 1912,
hat im Park Schwimmen gelernt, und mit fast 90 Jahren ging er noch täglich baden. Im Park wurde das Regentenbad mit Badehütte und Sprungbrettern gebaut. Gern lud er Gäste auf die Terrasse der Badenburg ein und fütterte dort die Schwäne.

König Ludwig III.
(Der Millibauer)
regiere 1912 – 1918,
lebte hauptsächlich in Leutstetten und besuchte in Nymphenburg seine Kinder und Enkelkinder, darunter auch Kronprinz Rupprecht. Er war der letzte bayerische König.

Wie Ihr sehen könnt, waren eigentlich alle bayerischen Herrscher auf ihre Weise wichtig für Nymphenburg und damit auch für uns Rötelmäuse. Auch heute noch leben Mitglieder der Wittelsbacher Familie im Schloss und nutzen es für besondere Feiern und Feste mit den Bürgern von München, Bayern und der ganzen Welt.

Wisst Ihr,
wie der Nymphenburger Park entstanden ist?

»Die churfürstliche Schwaig und Lusthauß Nymphenburg«, so bezeich-nete der Stecher Michael Wening das Sommerschloss der Kurfürstin Henriette Adelaide auf seinem Stich von 1701.

D amit Ihr die ganze Nymphenburger Parkanlage besser verstehen könnt, will ich Euch erzählen, wie sie früher ausgeschaut hat und wie oft sie im Laufe der Jahrhunderte immer wieder verändert worden ist. Ich weiß das alles ziemlich genau durch die Erzählungen meiner Ur-Ur-Ur – Ihr wisst schon.

Von der Schwaige, die hier am Anfang war, habe ich Euch ja schon berichtet. Als die Kurfürstin Henriette Adelaide sie geschenkt bekam, hat sie das Land zuerst einmal in einen Lustgarten verwandeln lassen. Das war damals sehr in Mode. In der Mitte des Gartens entstand ein großes Wasserbassin und drum herum vier kleine Bassins oder Becken, die alle durch ganz grade Wege miteinander verbunden waren. Mir kommt das jetzt, wenn ich es mir so vorstelle, ein bisschen langweilig vor. Aber Ordnung, auch in der Natur, war eben der Geschmack der Zeit. Der Sohn der Kurfürstin, also Max Emanuel, der alles größer, gewaltiger, prunkvoller und kostspieliger gebaut hat, ließ aus diesem Lustgarten eine prächtige Gartenanlage gestalten. Ihr wichtigster Teil war das sogenannte große Parterre gleich hinter dem Schloss.
Die Konstruktion könnt Ihr heute noch erkennen. Es ist die Längsachse von der Westterrasse des Schlosses, die schnurgerade bis zum Parkende im Westen führt. Zuerst kommen, wie Ihr jetzt noch sehen könnt, Blumenbeete, die von kleinen Hecken oder Bosketten eingefasst werden. Unterbrochen werden sie erst von der großen Fontäne, die ihr Gegenstück vor dem Schloss hat. Damals entstand auch der breite Kanal durch die Ableitung der Würm. Die ist, wie Ihr vielleicht wisst, ein kleiner Fluss der vom Starnberger See durch das Würmtal bis nach München hinein fließt.
Das große Parterre und der breite Kanal,

Die Gärtner bemühten sich mit Walzen und Rechen um schöne Wege und Rasenflächen für ihre Herrschaften.

19

Der Nymphenburger Park bot dem Hofstaat zu allen Zeiten viele Möglichkeiten der ›Freizeitgestaltung‹: Es gab Turniere, Jagden, Maskenumzüge, Kutsch- und Schlittenfahrten und vieles mehr.

Besonders beliebt waren natürlich die Fahrten auf den Kanälen des Parks. Dazu ließ man in Venedig reich verzierte Gondeln anfertigen. Einige venezianische Bootsbauer wurden auch nach Bayern geholt. Sie bauten Gondeln

für Nymphenburg in einer kleinen Werft am Starnberger See. Zum Ende der beliebten Wasserfeste gab es oft ein Feuerwerk oder eine prächtige bunte Beleuchtung im ganzen Park.

21

der von zwei Lindenalleen eingefasst wird, findet sein Ende mit der gewaltigen Kaskade. Das ist der prächtige Wasserfall, an dessen beiden Seiten die Marmorfiguren von Isar und Donau liegen.

Natürlich haben alle die Kurfürstinnen und Kurfürsten niemals selbst im Garten oder im Park geplant, entworfen oder gar selbst gegartelt. Dafür gab es Gartenarchitekten, die wieder ganze Heerscharen von Gärtnern beschäftigt haben. Für alle Arbeiten im Park brauchte man viel mehr Leute als heutzutage, denn es gab ja damals weder Lastwagen noch Bagger, noch Motorsägen.

Im 18. Jahrhundert war es auch Mode, Orangenbäume in den Park zu stellen. Doch können die Orangenbäume, die im Süden zu Hause sind, unsere Winter nicht vertragen. Man baute deshalb für sie extra Häuser zum Überwintern, die sogenannten Orangerien. Auch in Nymphenburg gibt es das. Im Frühjahr wurden die Orangenbäume dann wieder hinaus ins Freie gefahren.

Französische Gartenarchitekten und ein Künstler namens Joseph Effner haben damals die Wünsche und die Ideen des ›Blauen Kurfürsten‹ umgesetzt. Sie haben noch viel mehr gestaltet, was Ihr heute nicht mehr erkennen könnt. Ich weiß es aber in etwa noch. Ihr wisst ja wie. Damals nämlich, zu Beginn und in der Mitte des 18. Jahrhunderts, war es Mode, einen Garten mit Zirkel und Lineal anzulegen und überall gradlinige Verbindungen zu schaffen. Solche ganz geraden Wege gab es zwischen Schloss und der großen Kaskade von Osten nach Westen.

Das könnt Ihr – wie gesagt – noch sehen. Zwischen der Badenburg, der Amalienburg und der Pagodenburg gab es aber ebensolche Verbindungen von Süden nach Norden. Und so war der ganze Nymphenburger Park damals übersichtlich wie ein Schachbrett geordnet. Die Ordnung ging noch weiter. Um die Amalienburg herum wurde zum Beispiel eine gärtnerische Anlage gestaltet, die das ganze Schlösschen praktisch in die Natur hinein öffnen und fortsetzen sollte. Vor der Pagodenburg gab es eine Fortsetzung des Schlossinneren durch die Bahn des Maillespiels, von dem ich nicht genau weiß, wie es funktioniert hat. Von der streng geometrischen Form abgewichen ist man nur einmal durch die Anlage eines Labyrinthes, eines Irrgartens. Ich habe mir von den Krähen erzählen lassen, dass es solche Irrgärten jetzt wieder in Maisfeldern gibt. Vielleicht habt Ihr ja im Herbst auch schon mal einen solchen gesehen.

Junge und alte Parkbesucher können sich heute wie Könige fühlen, wenn sie aus den großen Fenstern der Badenburg auf die Arbeit der Gärtner schauen.

Warum ich Euch das alles so ausführlich erzähle? Einmal weil ich ganz stolz darauf bin, dass ich mir aus den Erzählungen meiner Großmutter, die es wieder von ihrer Großmutter und dann – Ihr wisst schon wie – gehört hat, so viel habe merken können. Dann aber auch, weil ich Euch darauf vorbereiten wollte, was ein Gartenarchitekt namens Friedrich Ludwig von Sckell für ein Genie gewesen ist. Im frühen 19. Jahrhundert war nämlich der konstru-

Die Seen vor der Badenburg und vor der Pagodenburg sind künstliche Gewässer, die es vorher nicht gab. Mit dem See an der Badenburg hat Sckell seine Umgestaltung des Parks angefangen. Dass das alles so natürlich aussieht ist seine Kunst.

ierte Barockgarten aus der Mode. Er war einfach zu künstlich. Herrscher und Volk besannen sich zurück auf die Natur. Sie wollten nun Landschaftsgärten. Für solche Gärten suchten sie Gartenarchitekten und ließen sie meist in England ausbilden. Sckell war auch so einer. Er hat nicht nur den Nymphenburger Park, sondern auch den Englischen Garten in München geplant und als Landschaftsgarten angelegt. Nun müsst Ihr aber nicht denken, es würde genügen, aus einem künstlichen Garten einen natürlichen Garten zu machen, indem man einfach die Natur so wachsen lässt, wie sie es möchte. Würde das passieren, gäbe es bald überhaupt keine Gärten mehr. Es gäbe nur noch wuchernde Wildnis. Die Natur ist eigentlich brutal. Wenn Ihr zu Hause selbst einen kleinen Garten habt oder mal auf einer Terrasse ein paar Stunden Unkraut zupfen musstet, versteht Ihr noch besser, was ich meine.
Wenn man die Natur nicht zügelt und beschneidet, überwuchert sie in Windeseile alle Gebilde von Menschenhand. Deswegen muss man die Natur zähmen. Sie aber so zu zähmen, dass sie Natur bleibt oder – noch besser – wie ungezähmte Natur auf den Menschen wirkt: Das ist Kunst. Und diese Kunst hat eben dieser Sckell beherrscht.

Nicht nur das Anlegen des Parks ist mit Mühe und Kosten verbunden gewesen. Auch jetzt muss die Natur ständig mit viel Handarbeit und Motorkraft gepflegt und unterhalten werden.

Der Gartenplan von Nymphenburg aus dem Jahr 1755 lässt die streng mit Zirkel und Lineal konstruierte französisch beeinflusste Parkanlage erkennen. Die Gärten beim Schloss waren mit Blumenbeeten angelegt, die wie Teppiche aussahen. Der Schöpfer dieser Anlage war Joseph Effner, ein Gärtnersohn aus Dachau, der in Nymphenburg auch viel gebaut hat. Auch wenn uns dieser Plan etwas eintönig erscheinen mag: In diesem Garten gab es Heckengärten, Gärten für das Kegel- oder Ballspiel oder einen Irrgarten mit Heckentheater.

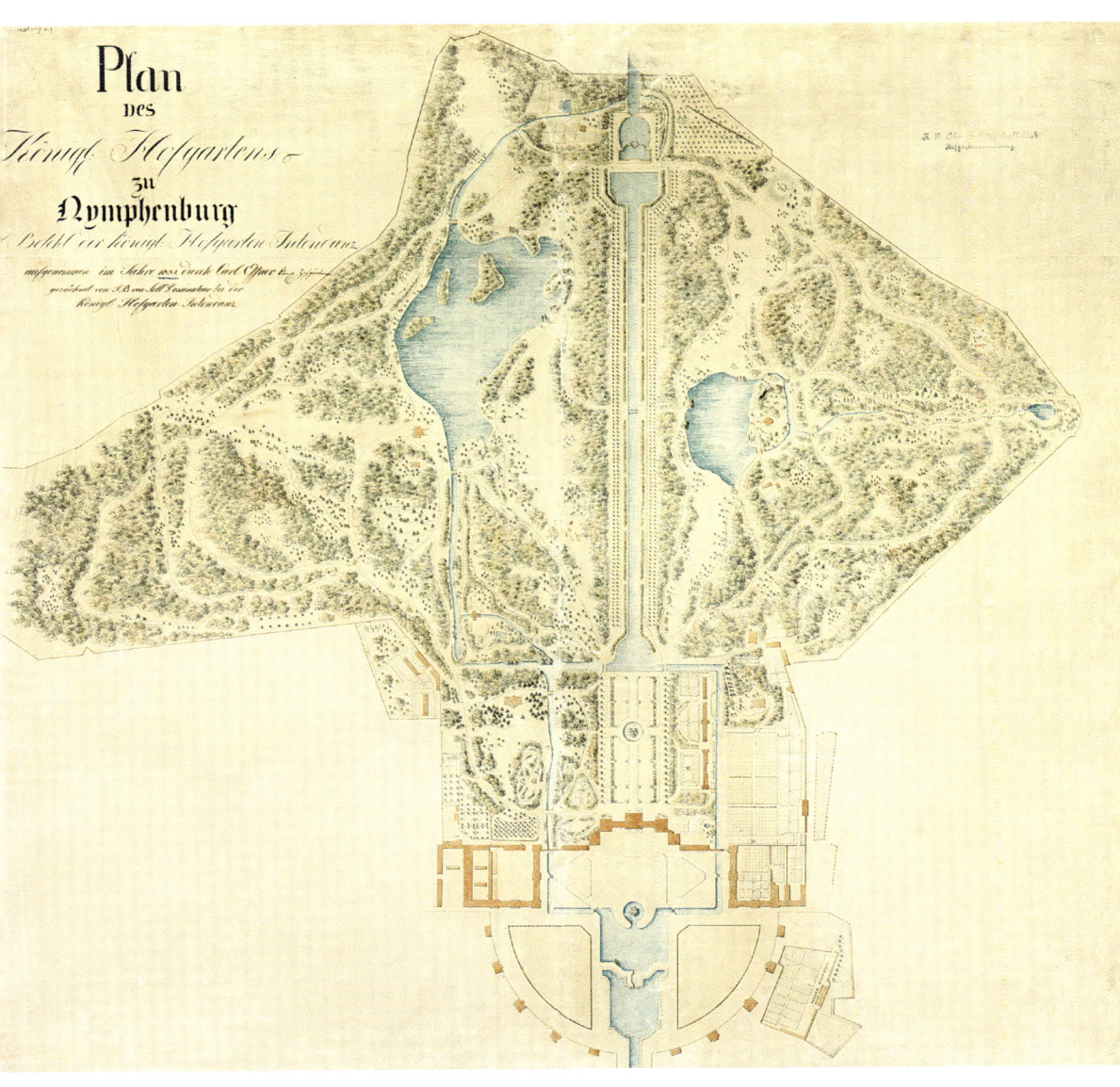

Der ›Plan des königlichen Hofgartens zu Nymphenburg‹, aufgenommen 1832 durch den königlichen Hofgärtner Carl Effner. Er ist ein Urenkel von Joseph Effner. Der Plan zeigt den Wandel zum Landschaftsgarten nach englischem Vorbild, den Friedrich Ludwig von Sckell vorgenommen hat. Auffallend sind die beiden großen künstlichen Seen bei der Badenburg und der Pagodenburg. Den Mittelteil des alten französischen Gartens direkt beim Schloss hat Sckell in der strengen Form belassen.

Die Gartenkunst des Parks braucht natürlich Pflege. Beim jährlichen ›Rama dama‹ muss viel unachtsam Weggeworfenes von fleißigen Kinderhänden aufgeklaubt werden. Bitte denkt daran und werft keine leeren Flaschen, Eisbecher, Butterbrotpapier und Bananenschalen in den Park, höchstens in die Abfalleimer, die überall aufgestellt sind.

Friedrich Ludwig von Sckell (1750 – 1823) wurde mit 23 Jahren von Kurfürst Karl Theodor zur Ausbildung nach England geschickt, um den damals neuen Stil des Landschaftsgartens kennenzulernen. 1789 wurde er auch zur Anlage des Englischen Gartens in München mit herangezogen. 1804 wurde er dann zum ›Hofgärten-Intendanten‹ ernannt und 1808 für seine Verdienste geadelt. 20 Jahre lang hat Sckell an der Gestaltung des Nymphenburger Parks gearbeitet.

Versucht mal, Euch vorzustellen, dass die Seen vor der Badenburg und vor der Pagodenburg künstliche Seen sind, die es vorher nicht gab. Der Bach, der so natürlich hineinmündet, fließt in Wirklichkeit in einem künstlichen Bett. Dass das alles so aussieht und so wirkt, als wäre es schon immer so gewesen und ganz natürlich, seht Ihr – das ist Kunst. Wenn Ihr durch den Park geht und plötzlich einen Ausblick bis hin zur Blutenburg im Westen, über die Parkmauer hinaus, die dort nicht mehr zu sehen ist, genießen könnt, sollt Ihr denken, der Nymphenburger Park wäre endlos. Das ist auch der Kunst von Sckell zu verdanken. Er hat diese Ausblicke ›Ahas‹ genannt, weil es wirklich ein Aha-Erlebnis ist, so weit ins Land hinaus zu sehen. Es ist aber auch Kunst, dass es im See eine Insel gibt, und dass die Bäume, die auf dieser Insel stehen, sich im Wasser spiegeln. Damit diese Kunst bestehen bleibt, müssen die Gärtner sie täglich mit ihren Arbeiten erhalten. Wenn sie zu viel oder zu wenig tun, dann merken es die Menschen und kämpfen um den Erhalt ihrer geliebten Kunstnatur wie früher die Könige um ihren Nymphenburger Park.

Jetzt, Kinder, bin ich ein bisschen außer Atem gekommen und habe Euch vielleicht ein wenig zu viel über die Kunst im Park erzählt. Dabei gibt es viel mehr, was Ihr auch noch wissen solltet. Vorher aber möchte ich Euch fragen, ob Ihr nun versteht, dass und warum Sckell ein Genie war. Er hat die einmalige Großzügigkeit der Barockanlage belassen und trotzdem den Park rechts und links von ihr so natürlich erschaffen, dass aus alledem eine künstlerische Einheit geworden ist. Um so etwas zu gestalten, muss man ein Genie sein.

Man braucht aber auch einen Herrscher, der einen gewähren lässt und einem die nötigen Mittel gibt, um die Ideen in die Tat umzusetzen. Sckell hatte das Glück, einen solchen Herrscher zu finden. Es war Kurfürst Max IV. Joseph. Als er später König wurde, hieß er nur noch Max I.

Wisst Ihr,
wie viele Schlösschen
es im Park gibt?

Die Mutter von Wolfgang Amadeus Mozart, die mit ihrem kleinen Sohn auf Konzertreise auch in München war, hat im Nymphenburger Park neben dem großen Schloss vier Schlösser gesehen und beschrieben:
»… hab ich gesehen das nymphenburg, das schloss, den garten und die viert schlösser, nemlich amalienburg, badenburg, bagodenburg und die eremitage. amalienburg ist das schöste, worin das schöne bett ist und die kuchel, wo die kurfürstin selbst gekocht hat. badenburg ist das größte, wo ein sall ist von lauter spiegeln, das bad von marmor, bagodenburg ist das kleinste, wo die mauern von miolika ist und die ermitage ist das sizamste, wo die Kapel von muschel ist …«

*D*rei – sagt einer von Euch, und er hat recht.
Vier – sagt ein anderer, und er hat auch recht.
Fünf – sagt einer, der den Park schon sehr gut kennt, und er hat ebenso recht.
Das gibt es aber doch gar nicht, dass drei Kinder drei verschiedene Antworten geben und alle drei recht haben, werdet Ihr sagen. Ich will Euch erklären, warum es so ist: Also der, der drei gesagt hat, hat die Badenburg, die Amalienburg und die Pagodenburg gemeint. Das sind die drei bekanntesten Schlösschen, und eines ist immer schöner als das andere.

Viele Leute sagen, die *Amalienburg* wäre das schönste. Wie es so da steht, in seiner Harmonie, am Ende einer weiten Lichtung, ist es wirklich ganz vollkommen. Am liebsten mag ich die Amalienburg von vorn anschauen, wenn die Sonne auf die halbrunde Wölbung unter dem eisernen runden Balkon scheint. Auf diesem Balkon hat übrigens, so erzählte es mein Ur-Ur-Ur – Ihr wisst

Die Amalienburg im Winter sieht nicht sehr wohnlich aus. Auch die Kurfürstin Amalie hat sie sicher nur im Sommer genutzt, und auch da nur für kürzere Besuche. Selbst wenn uns das Schlösschen heute ziemlich groß erscheint – wohnen konnte man dort nicht. Es war viel zu klein, um allein die Dienerschaft der Kurfürstin aufzunehmen. Im Winter ist die Amalienburg auch heute für die Besucher geschlossen.

schon –, zu seinen Zeiten um 1740 die Kurfürstin Amalie gestanden und hat auf Fasane geschossen, wenn sie über den Balkon geflogen sind. In einem späteren Kapitel werde ich Euch mehr von der Amalienburg erzählen; vor allem, wie sie von innen ausschaut.

Fasane gibt es nicht mehr im Park, und die Kurfürstin und spätere Kaiserin, die sie damals geschossen hat, lebt ja nun schon lange nicht mehr. Ihr Mann war auch Jäger, ein Liebhaber schöner Frauen, dazu ein versponnener Schöngeist und Forscher, der versucht hat, Gold zu machen oder machen zu lassen. Das ist ihm leider nicht gelungen. Nach seiner Herrscherzeit ist die Porzellanmanufaktur Nymphenburg entstanden. Eine Manufaktur ist ein Betrieb, in dem vieles mit der Hand gemacht wird. Das ist in Nymphenburg heute noch so.

Die Porzellanmanufaktur hat Kurfürst Max III. Joseph 1747 gegründet. Sie war damals noch gar nicht in Nymphenburg, sondern in einem Jagdschloss in der Au. Max III. Joseph hatte den Wunsch, Porzellan herstellen zu lassen, aber zunächst konnte man das nicht. Das Rezept war ein gut gehütetes Geheimnis. Endlich, sieben Jahre später, ist es gelungen, und man konnte das erste eigene Porzellan in der Manufaktur aus den Brennöfen holen. Zur berühmten Nymphenburger Porzellanmanufaktur wurde der Betrieb fast 50 Jahre später, um 1800.

Der ›Fuchs am Cembalo mit Dame‹ ist vielleicht eine Anspielung auf den Komponisten Johann Joseph Fux und die Sängerin Faustina Bordoni, die an der Hofoper in München spielten. Solche reizenden Figuren aus Meissen regten sicher zur Gründung einer eigenen bayerischen Porzellanmanufaktur an.

Der italienische Künstler Franz Anton Bustelli, der 1754 nach Nymphenburg kam, hat damals herrliche große und kleine Porzellanfiguren entworfen und brennen lassen. Sie wurden in alle Welt verkauft. Man kann die Abgüsse davon auch heute noch in der Manufaktur im Schlossrondell besichtigen. Ihr findet den Eingang ganz leicht, denn davor steht ein großer bunter Papagei. Er ist, wie Ihr Euch denken könnt, aus Porzellan.

Die Badenburg hat Joseph Effner gebaut, der Gärtnersohn aus Dachau, der auch den ursprünglichen, strengen Garten angelegt hatte. Sein Bauherr, Max Emanuel, hatte den ›Bauwurm‹. In nur drei Jahren hat er in Nymphenburg immerhin eine halbe Million Gulden verbauen lassen. Das war auch damals schon ziemlich viel Geld. Max Emanuel hat aber nicht nur gebaut. Er hat auch ein Spiel erfunden, bei dem man mit Elfenbeinkugeln in 13 Löcher treffen musste – eine Mischung aus Golf und Minigolf sozusagen.

Max Emanuel war der Sohn von Ferdinand Maria. Er war nicht sehr oft in München. Es gibt viele Bilder von ihm, meist in blauer Uniform. Man kann darauf sehen, dass er ein sehr schöner Mensch gewesen ist. Die Türken hatten Angst vor ihm, und er hat in Wien eine große Schlacht gegen sie gewonnen. Man hört auch, dass er viele Kinder gehabt hat.

Wenn er in München war, hat er gebaut. Durch seinen Architekten und Baumeister Joseph Effner, hat er die Badenburg errichten lassen. Wenn Ihr auf der Freitreppe steht, habt Ihr jetzt einen wunderschönen Blick auf den großen See, der erst ein Jahrhundert später angelegt worden ist. Der dicke Baum vor der Badenburg mit der Bank drum herum ist eine Linde. Meine Ur-Ur-Ur – Ihr wisst schon – hat erzählt, dass es sie schon etwa im Jahre 1800 dort gegeben hat. Dann wäre sie jetzt über 200 Jahre alt. Könnt Ihr Euch das vorstellen?

Ich kann Euch auch erzählen, wie es in der *Badenburg* aussieht. Mein Ur-Ur-Ur – Ihr wisst schon – hat berichtet, dass da ein richtiges Hallenbad eingebaut ist, in dem man schwimmen kann. Das muss zur damaligen Zeit, als die Menschen es noch nicht so sehr mit dem Waschen und Schwimmen hatten, etwas ganz Außerordentliches gewesen sein. Und nun stellt Euch vor: Das Schwimmbad gibt es immer noch. Leider kann man es nicht benutzen, damit es so erhalten bleibt, wie es früher einmal war.

Da ist er geschwommen, der Kurfürst, im puren Luxus. Bäder waren zu dieser Zeit noch eine große Seltenheit. Versailles zum Beispiel, das Schloss der französischen Könige, hat eine im Vergleich winzige Badewanne von 3 Metern im Durchmesser und nur einem Meter Tiefe. Der Pool in der Badenburg ist dagegen 8 Meter lang, 6 Meter breit und fast 1½ Meter tief. Das Wasser kam sogar warm aus den Hähnen, es wurde im Keller aufgeheizt. Damit gilt die Badenburg als das erste heizbare Hallenbad der europäischen Neuzeit.

Max Emanuel hat übrigens nicht nur Schlösser bauen, sondern auch Kanäle in und um München anlegen lassen. Den größten habt Ihr schon gesehen, als Ihr zum Schloss gefahren seid. Er hatte solche Kanäle in Holland kennengelernt, wo er lange gelebt hat. Nach München kam er hoch verschuldet zurück und hat trotzdem viele neue Schulden gemacht, um bauen zu können. Die Bayern verehren ihn aber sehr, nicht zuletzt, weil er auch der geistige Vater der *Pagodenburg* ist. Die kenne ich nun am besten, weil Max Emanuel sie freundlicherweise wiederum von dem Architekten Joseph Effner ganz in die Nähe der Bauten und Burgen der Rötelmäuse errichten ließ. Er soll sogar selbst den Grundriss zur Pagodenburg gezeichnet haben.

Und nun verrate ich Euch ein Geheimnis: Links vom Eingang zur Pagodenburg gibt es ein kleines Loch, das die Menschen bisher übersehen haben. Dieses Loch führt in einen Gang, den meine Ur-Ur-Ur – Ihr wisst schon – bis zum sogenannten Salettl, dem kleinen Saal der Pagodenburg, gegraben haben. Unter dem linken Fenster ist wieder ein ganz kleines Loch, so dass ich gerade hindurch

Auch die Pagodenburg hat Joseph Effner gebaut. In seinem alten Garten hatte er die Pagodenburg und die Badenburg mit Achsen verknüpft und aufeinander bezogen.
In der Pagodenburg ruhten sich die erschöpften Spieler der Hofgesellschaft aus. Deshalb war das Schlösschen auch so klein. Waren mehr Gäste in der Pagodenburg zu bewirten, mussten die Diener von außen durch die Fenster servieren.
Die Kabinette oben sind mit asiatisch angehauchten Malereien geschmückt. Das kam damals gerade in Mode. Die Deckengemälde sind mit ›Pagoden‹ geschmückt, daher der Name. Die unteren Räume ließ Max Emanuel mit weiß-blauen holländischen Kacheln auszieren.

und in die Burg schlüpfen kann. Dann laufe ich vom Erdgeschoss auf der Treppe ins Obergeschoss in den Chinesischen Salon, das Chinesische Kabinett und ins Ruhezimmer. Ich kann Euch kaum beschreiben, wie schön es innen in der Pagodenburg ist. Da gibt es herrliche Deckengemälde mit Bacchus und Venus, das ist der Gott des Weins und die Göttin der Liebe. Die meisten Wände sind mit wertvollen Seidentapeten aus China verkleidet. Es gibt auch einen tollen Spieltisch mit eingelegtem Schachbrett aus Ebenholz. Spielen darf man nicht mehr darauf, aber anschauen kann man ihn. Außerhalb der Pagodenburg, direkt über unseren Höhlen

Das Kegelspiel im Nymphenburger Park in einer Ansicht von 1720. Es wurden damals viele Spiele draußen gespielt, die eigene Spielstätten hatten. Vom Maille-Spiel oder Kugelschlagen haben wir keine Abbildung. Es wurde mit hölzernen Kugeln und Schlägern gespielt. Die Kugeln waren aus Buchsbaumwurzeln und unterschiedlich groß, wie eben das Holz gewachsen war. Man spielte auf einer langen, hufeisenförmigen Bahn mit einen kleinen Bogen an jedem Ende, durch den die Kugel geschlagen musste. Wer mit den wenigsten Schlägen traf, hatte gewonnen. Ihr könnt Euch das Spiel selbst bauen, mit Bogen aus Weidenruten, die Ihr einfach ins Gras steckt.

Prinz Adalbert von Bayern,
Kindheit in Nymphenburg

*»Uns ist erst später klar geworden,
wie schön wir es gehabt haben. Damals
schien uns all das selbstverständlich.
Wir hatten das Gefühl, dass Schloss,
Burgen, Park und alles, was dazu gehört, für uns da war. Damals war nichts
abgesperrt und wir waren unter uns …
Im Freien hatten wir in ›unserem Garten‹ alles, was ein Kinderherz zum Spielen begehrt: Badebassin, Taubenhaus,
Schaukeln, Turnwiese, Blumenbeete,
Stachel- und Johannisbeeren. Auch die
anderen Gärten mit den Hüttchen und
Ställchen aus vergangenen Zeiten standen uns offen, der Park und die ehema-
lige Menagerie mit dem alten Hirsch
Hansel und Kaninchen, Reit- und Ten-
nisplatz und Euer Turm an der Parkmauer bei Laim. Wir fuhren mit Ziegen
und Eseln herum oder im Ponywagen
unserer Mutter, ritten, radelten,
schwammen, fischten und ruderten in
den Kanälen. Wir kannten jeden Win-
kel und jeden Baum, wussten genau,
wann und wo im Wechsel der Jahreszeiten die verschiedenen Blumen kamen
und die besten Beeren. Rings um den
Park war offenes Land, Wiesen und
Felder … Wir waren wie auf einer Insel,
und die Stadt schien uns weit.«* (1950)

und Gängen, hat die Hofgesellschaft früher ein Spiel gespielt, das
›Maille‹ hieß. Es war wohl so etwas wie eine Mischung zwischen
Golf und Kricket, und die Bahn des Spieles endete hier an der Burg.
Vielleicht war das Spiel aber auch ganz anders. Weil ich weder Golf
noch Kricket kenne, kann ich es nicht richtig beurteilen, aber man
hört eben so allerlei. Anschließend erfrischten sich die Spieler hier
in der Burg.

Schulden zu machen, um sich ein teures Schlösschen nur zum Spielen für sich und seine Freunde zu bauen – so ganz kann ich nicht
begreifen, was in den Menschen früher so vorgegangen ist.

Schloss Nymphenburg und die Bauwerke im Park

Bauwerk	Baubeginn	Baumeister
Nymphenburger Schloss	1664	Agostino Barelli
Erweiterung	1674	Enrico Zuccalli
Erweiterung	1702	Antonio Viscardi
Pagodenburg	1716	Joseph Effner
Badenburg	1718	Joseph Effner
Magdalenenklause	1725	Joseph Effner
Amalienburg	1734	François Cuvilliés d. Ä.
Wasserwerke	1762 – 1807	Joseph Baader
Kinderhaus	1799	
Anlage des ›Englischen Parks‹	1804	Fried. Ludwig von Sckell
Monopteros	1865	Leo von Klenze

So, nun habt Ihr die drei Schlösschen gesehen und seid sicher
neugierig, wieso der eine, der von
vier Schlössern gesprochen hat,
auch recht gehabt hat. Der zähl-
te nämlich die *Magdalenenklause* dazu. Die ist zwar nicht unbe-
dingt ein Schloss – da hat der
mit den drei Schlössern recht –
aber sie ist doch etwas Ähnli-
ches. Ein schöner, einsamer Platz
ist es nämlich, in den sich der
Herr aller Schlösser zurück ziehen wollte oder konnte, wenn

ihm die ewige Feierei und die Anstrengungen des Hoflebens zu viel wurden. Er wollte dort beten und büßen. Auch diese Magdalenenklause hat Joseph Effner in der Spätzeit Max Emanuels gebaut. Sie ist dann unter seinem Nachfolger Kaiser Karl Albrecht im Jahre 1728 eingeweiht worden.

Ich gehe nicht so gerne zur Magdalenenklause. Nur im Frühling, wenn der erste Bärlauch wächst, hole ich mir dort von ihm ein paar Blätter. Es sind ja die ersten Vitamine nach dem Winter. Im Herbst, wenn ich traurig bin, weil der Sommer vorbei ist, laufe ich manchmal um die Klause herum und denke daran, dass auch wir Mäuse einmal sterben müssen. Das haben wir Rötelmäuse mit den Kurfürsten, Königen und Kaisern gemeinsam.

Den ›Kindergarten‹ gibt es seit gut 200 Jahren. Der Teil mit dem Pavillon wird auch Ludwigsgärtchen genannt, weil er für den Prinzen Ludwig angelegt war, den späteren König Ludwig I., der mehr in München gebaut hat als in Nymphenburg. Bei den Kindern damals war, wie bei den Kindern heute, der Wasserspielplatz am beliebtesten. Im Gärtchen durften deshalb eine Quelle, ein Bach und ein kleiner Teich nicht fehlen. Erhalten geblieben ist von der ganzen Herrlichkeit nur der hölzerne Pavillon, der als »Sommerhaus des Herrn Kronprinzen K. Hoheit« bezeichnet wurde.

Und wie ist es nun mit dem fünften Schlösschen? Ihr findet es auf dem Weg zur Amalienburg im sogenannten Ludwigsgärtchen, der ein Abbild des Nymphenburger Parks für Kinder ist. Deswegen wurde in dieses Gärtchen auch ein Gartensalettl für die kurprinzlichen Kinder mit einem sogenannten Hexenhäusle als Anbau etwa im Jahre 1800 errichtet. Und weil prinzliche Kinder zwar kein Schloss, aber doch ein prinzliches Kinderhäuschen mit Park haben dürfen, hat auch der recht, der es zu den fünf Schlösschen im Park zählt.

Wisst Ihr, wie die Bäume im Nymphenburger Park heißen?

Die Linden duften abends besonders stark. Im Herbst liegen ihre graufilzigen, kugeligen Früchte auf dem Weg. Meistens sind drei Früchte mit einem Stiel verwachsen, der oben ein Blatt bildet, mit dem die Lindenfrüchte fliegen können.

Zu Zeiten meines Urgroßvaters und Großvaters, 1972, wurden im Nymphenburger Park 43 810 Bäume gezählt und ungefähr 30 verschiedene Baumarten. Das ist auch für eine pfiffige und neugierige Rötelmaus wie mich ziemlich viel. Deshalb zeige ich Euch nur einige ausgewählte Bilder von den wichtigsten Bäumen, die man schon kennen sollte, und erzähle etwas darüber.

Die *Kastanie* blüht weiß oder rot, und ihre braunen Früchte sind herrlich zum Basteln zu gebrauchen. Man kann sie leider nicht essen. Schön sind auch die großen Kastanienblätter. Wenn Ihr sie genau anschaut, erinnern sie an eine Hand mit fünf Fingern. Ganz wichtig im Park ist der *Lindenbaum*. Der hat ein besonders weiches Holz. Deshalb benutzen die Spechte ihn gern, um Höhlen darin zu bauen. In solchen Höhlen findet Ihr auch Meisen, Kleiber und Stare, sozusagen als Nachmieter. Bei uns im Park haben besonders die Waldkäuze die Linden sehr gern und dort ihre Höhlen gefunden. Sie können sie nicht selber bauen. Wenn Ihr im Frühsommer vom Schloss durch die große Allee zur Kaskade hinauf wandert, könnt Ihr die Linden riechen. Sie duften besonders abends ganz betäubend, und ihre Blätter sind herzförmig.

Am *Ahorn* liebe ich besonders die Färbung seiner Blätter im Herbst. Das ist eine richtige gelb-rote Pracht, was da von den Zweigen langsam zu Boden sinkt. Die Ahornfrüchte müsst Ihr genau anschauen. Sie haben einen schweren Kern. Das ist der Ahornsamen, in dem der kleine zukünftige Ahorn steckt. An dem Kern ist ein viel größerer, länglicher brauner Propeller angebaut. Mit diesem Propeller kann der Ahornkern ganz weit fliegen und für neue Ahornbäume sorgen.

Kastanienblüte im Frühling. Ein einziger Kastanienbaum ist mit Hunderten solcher Kerzen geschmückt.

Ahornblatt im Herbst. Manche Menschen sammeln solche Blätter wegen ihrer schönen braunen und gelben Farben und verwenden sie zu Hause als Tischdekoration.

Habt Ihr schon mal eine Buchecker gefunden und probiert? Man muss die kleine braune Schale abmachen, dann kann man den hellgrünen bis weißlichen Kern essen. Er ist sehr ölhaltig und schmeckt Euch vielleicht nicht besonders. Ich nehme ihn gern als Zwischenmahlzeit. Rehe, Eichhörnchen und Enten mögen die Bucheckern auch. Die Bäume erkennt Ihr an ihren schönen, glatten, hellgrauen bis dunkelgrauen Stämmen und ihren hellgrünen Blättern. Die sind besonders schön, wenn sie noch halb eingerollt im Frühling auf den ersten warmen Tag warten, bis sie sich ganz aufrollen und entfalten. Es gibt grüne Buchen, die *Hainbuchen* heißen, und andere mit genau so geformten, aber rötlichen Blättern, die *Rotbuchen* heißen. Die sind besonders im frühen Herbst ganz wunderbar anzusehen. Beide Buchenarten werden von den Gärtnern auch zu Hecken geschnitten.

Den knorrigen *Eichbaum* mit seinen braunen Eicheln und den gelappten, länglichen Blättern, kennt Ihr wahrscheinlich schon. Die Eichen sind Bäume, mit denen schon meine Ur-Ur-Ur – Ihr wisst schon – aufgewachsen sind, als der Nymphenburger Park noch eine Schwaige war. Damals waren die Eicheln als Viehfutter sehr wichtig, und wenn es im Herbst besonders viele davon gab, trieben die Bauern ihre Schweine unter die Eichenbäume, damit sie sich rund und voll fressen sollten. Auch heute noch mögen fast alle Tiere im Park die Eicheln gern. Eichhörnchen und Eichelhäher verstecken sie sogar im Waldboden, den sie dadurch wie eine Speisekammer oder einen Eisschrank benutzen. Sie wollen eben im Winter auch etwas zu fressen haben. In ihrer Gier verstecken sie meist so viele Eicheln, dass sie nicht alle Verstecke wieder finden. Dann finden wir sie oft und freuen uns darüber. Wenn sie niemand findet, wächst im Frühjahr eine kleine neue Eiche aus der Frucht.

Manche Bäume behalten, wie Ihr vielleicht schon wisst, auch im Winter ihre Blätter, wenn es Nadeln sind. Im Park sind es die *Fichten*, die *Tannen* und die *Kiefern*. Die Fichten kennt Ihr, weil Ihr sie oft als Weihnachtsbäume in Eure Häuser holt. Natürlich werden sie dann schöner geschmückt als hier im Park. Aber seid mal ehrlich: Wenn Schnee auf den Zweigen liegt und in der Sonne glitzert, ist das doch fast genau so schön, oder? Und die Fichtenzap-

Eichen haben ein besonders hartes Holz. Sie wachsen viel langsamer als Birken oder Fichten. Auf diesem Bild könnt Ihr gut erkennen, wie ein Baum lernt, sich darauf einzustellen, dass der Wind bei uns meist aus Westen weht. Deswegen haben die Eichen hier auf der Ostseite viel mehr Blätter als auf der Westseite.

Im Herbst werden manchmal so viele abgefallene Blätter auf einem großen Haufen zusammengekehrt, dass sich ein Kind darin verstecken oder zumindest herrlich damit spielen kann.

fen, die an den Zweigen wachsen, deren Samen von vielen Vögeln gern gefressen werden, sind doch auch, wenn Ihr sie mal in Ruhe anschaut, kleine Wunder der Natur.

Tannen findet man nicht so oft wie Fichten. Ihre Nadeln haben oft einen Stich ins Bläuliche, und sie wachsen meist zweizeilig an ihren Ästen. Eine rot blühende *Kiefer* mit einem Zapfen daneben ist ebenfalls ein kleines Naturwunder, wenn man genau hinschaut.

Einen Nadelbaum gibt es bei uns, dessen Nadeln in jedem Jahr gelb werden, abfallen und im Frühling neuen, zartgrünen Nadeln Platz machen. Das ist die *Lärche*, die Ihr auch an ihrem hellgelben Stamm leicht erkennen könnt. Im Herbst, wenn die Nadeln schon gelb sind und die Sonne scheint, leuchtet so ein Lärchenbaum oder ein ganzer Lärchenwald mit der Sonne um die Wette. Auch an den Lärchen trommeln und bauen die Spechte im Park besonders gern.

Nun dürft Ihr nicht glauben, dass alle Bäume, die Ihr jetzt kennengelernt habt, und viele andere, die Ihr vielleicht noch nicht so gut kennt, wie die *Birke*, die *Erle*, die *Esche* und der *Vogelbeerbaum*, überall im Park wachsen dürfen, wie es ihnen gefällt. In Wirklichkeit achten die Gärtner ganz genau darauf, was an Stelle eines Baumes, der vom Sturm umgeblasen wurde, wieder gepflanzt werden soll. Sie fällen Bäume, um wieder anderen Bäumen und Sträuchern Platz zu machen. Manchmal werden alte Bäume gefällt, weil

Im Frühling rennen die Eichhörnchen oft übermütig die Bäume hinauf und hinunter. Dabei üben sie auch ihre Muskeln, damit sie schnell von den Bäumen herunter können, wenn ein Marder sie fangen will.

In der Erzählung ›Der Herr der Ringe‹ von Tolkien haben die kleinen Hobbits viele gefährliche Abenteuer zu bestehen. Einmal geraten sie an höchst ungewöhnliche Bäume:
»Ob sie in einen Stoff, der wie grüne und graue Rinde aussah, gekleidet war oder ob das ihre Haut war, war schwer zu sagen. Jedenfalls waren die Arme, ziemlich nahe am Rumpf, nicht runzlig, sondern mit einer braunen, glatten Haut bedeckt. Die großen Füße hatten je sieben Zehen. Der untere Teil des langen Gesichts war mit einem wallenden grauen Bart bedeckt, buschig, fast zweigartig an den Wurzeln, dünn und moosig an den Enden. Aber im Augenblick bemerkten die Hobbits wenig außer den Augen. Diese tiefliegenden Augen sahen sie jetzt prüfend an, gemessen und ernst, aber sehr durchdringend. Sie waren braun, mit einem hellen Grün gesprenkelt.«

Die Blüte der Kiefer und ihre Frucht, der Kiefernzapfen, sehen aus wie seltene Schmuckstücke.

sie umfallen oder ihre Äste auf die Wege krachen könnten. Das alles müssen die Gärtner bedenken. Sie müssen sehr aufpassen, dass der Park so schön bleibt, wie er ist, und nicht wieder zu einer Schwaige oder einer Wildnis wird. Das würden jetzt nicht einmal mehr wir Rötelmäuse besser finden. Wir lieben den Park so wie er jetzt ist. Auch die bunten Blumenrabatten, deren Bepflanzung mit den Jahreszeiten wechselt, finden wir Spitze. Die Gärtner, die dafür zuständig sind, sind meistens sehr freundlich. Ihr könnt sie fragen, wenn Ihr etwas wissen wollt, und sie freuen sich, wenn Ihr ihnen sagt, was Euch besonders gefällt.

Die Birke stellt keine großen Ansprüche an die Qualität der Erde, in der sie wächst. Sie liebt Feuchtigkeit sehr und wächst recht schnell. Trockenes Birkenholz mögen Menschen, die einen Kamin besitzen, weil es schön brennt und keine Funken macht.

Manche Menschen hängen Mistel-
zweige zur Weihnachtszeit über die
Türen ihrer Häuser. Dort küssen sie
sich, wenn sie darunter her gehen.
Das ist ein alter Brauch aus England.
Deshalb kann man solche Zweige im
Winter auch in Blumengeschäften kau-
fen. Im Park wachsen sie wild auf den
Bäumen, aber meist so hoch, dass die
Menschen sie nicht abpflücken können.
Wenn viel Schnee gefallen ist, fallen
auch die Mistelnester manchmal mit
den Ästen, auf denen sie sitzen, zu
Boden. Dann freuen sich die Besucher
und nehmen sie vergnügt mit heim.

Wie die Mistelzweige in die Baumgipfel kommen

Könnt Ihr Euch vorstellen, dass es bei uns im Park Schmarotzer gibt? Schmarotzen heißt, auf Kosten anderer zu leben. Das ist ein Unrecht, so etwas tut man nicht. In der Natur gibt es aber kein Unrecht. Alles ist so eingerichtet, dass der Kreislauf in der Natur funktioniert. Darauf kommt es an.

Wenn Ihr nach oben in viele Baumkronen im Nymphenburger Park schaut, werdet Ihr im Herbst und Winter, wenn die Bäume keine Blätter mehr haben, grüne Sträucher mit weißen Beeren entdecken. Diese Sträucher haben andere Blätter als ihr Wirtsbaum und sind immer grün. Sie heißen *Misteln*. Wenn man flüchtig hinsieht, schauen sie aus wie Krähennester.

Nun fragt Ihr, wie denn die Misteln so hoch in die Baumzweige kommen. Ich will es Euch erklären: Wenn Ihr mal einen Mistelzweig findet, pflückt Euch eine weiße Beere ab und zerquetscht sie zwischen den Fingern. Dann bemerkt Ihr, dass die Kerne in den weißen Beeren klebrig sind. Im Herbst und Winter fressen nun viele Vögel, hauptsächlich eine Drossel, die Misteldrossel heißt, aber auch die Seidenschwänze, diese Beeren die ihnen gut schmecken. Dabei bleiben die Kerne an ihren Schnäbeln hängen und stören den Vogel. Darum putzt er seinen Schnabel an einem Zweig ab, bis der Kern dort kleben bleibt, und fliegt davon. Oder er verschluckt die Kerne und scheidet sie mit seinem Kot wieder aus.

Der Kern bleibt immer kleben. Er bildet eine Wurzel, die sich in den Zweig bohrt. Dort ernährt sie sich vom Saft des Baumes und sorgt dafür, dass ein neuer Mistelzweig mit Beeren wächst. So geht es immer weiter. Wenn der Baum zu viele Misteln in den Zweigen hat, kann es passieren, dass die Zweige abbrechen, weil sie nicht mehr genug Saft haben und morsch werden. Dann entsteht dann ein Loch in der Baumkrone. Durch dieses Loch fällt Sonnenlicht auf den Boden. Da können nun neue Pflanzen oder Bäume wachsen, die Licht brauchen. Der Zweig vom Baum aber verrottet und bildet Humus für die neuen Pflanzen.

Das ist ein Beispiel für den Kreislauf in der Natur. Dabei habe ich weggelassen, dass auch die Rötelmäuse gelegentlich ganz gern einmal eine Mistelbeere fressen. Für uns ist es natürlich viel bequemer, wenn sie auf dem Boden liegt, als wenn wir hoch in den Zweigen danach suchen müssten.

Wisst Ihr, was mir unter Bäumen, Blättern und Nadeln einfällt?

Über die Bäume im Park habe ich Euch ja schon in einigen Kapiteln dieses Buches erzählt. Nun wisst Ihr schon, dass es bei uns Laubbäume wie Kastanien, Ahorn, Esche, Buchen, Birken, alte Linden (wo die Fledermäuse und die Waldkäuze wohnen) und Nadelbäume gibt. Dazu gehören Lärchen, deren Nadeln im Herbst goldgelb werden und dann abfallen, Tannen, Fichten und Kiefern, die ihre Nadeln das ganze Jahr über behalten.

Was ich Euch aber noch nicht erzählt habe, ist meine Vorliebe für einige besondere Bäume in unserem Park. Vor der Amalienburg wachsen ein paar Nadelbäume, die keine Fichten, Tannen oder Kiefern sind. Es sind sehr alte *Eiben*. Schaut sie Euch einmal ganz genau an. Sie haben eine rotbraune Rinde und zweizeilig angeordnete spitze Nadeln. Schon in alter Zeit haben die Menschen aus dem harten Eibenholz Pfeil und Bogen und auch Armbrüste

Die Eiben blühen im April und Mai und bekommen im Herbst ihre kleinen roten Früchte. Diese Beeren und die Nadeln sind sehr giftig, und man darf sie niemals in den Mund stecken. Sogar ein Pferd würde sterben, wenn es Eibenzweige frisst. Für Hunde ist das sicher keine Gefahr – ich habe sie noch nie von Bäumen fressen sehen.

für die Jagd geschnitzt. Das war lange, bevor unser Park entstanden ist. Ich glaube aber, dass der Hofgärtner Sckell, als er hier den Park angelegt hat, die Eiben vor die Amalienburg gepflanzt hat, weil es so eine Verbindung zwischen diesen Bäumen und Amalies Liebe zur Jagd gibt.

Ich sitze sehr gern nachts unter den Eiben, besonders wenn es schneit oder regnet. Dort ist es immer trocken, vor allem aber ist es für mich ein Platz zum Nachdenken. Ich denke daran, wie alt diese Bäume sind und was sie schon alles gesehen und erlebt haben, als Ihr und ich und viele meiner Ur-Ur-Ur – Ihr wisst schon – noch gar nicht auf der Welt waren. Wenn so ein Baum doch in einer Sprache erzählen könnte, die Rötelmäuse verstehen! Dann würde man vielleicht manches hören, von dem weder Mäuse noch Menschen etwas wissen. Vielleicht gibt es ja doch oder gab es in vergangenen Jahrhunderten einmal wirklich Nymphen, Wichtelmänner, Kobolde oder andere Lebewesen bei uns, von denen nur die Bäume noch etwas wissen. Wenn Ihr einen Schneemann baut oder ein Wesen zeichnet oder malt, das es auf der Welt gar nicht gibt, ist vielleicht immer noch etwas von dem Wissen der Bäume ganz tief in Euch verborgen und will heraus? Ein Wissen, das auch noch in den Märchen und Geschichten vorkommt, die Euch manchmal Eure Eltern oder Großeltern vorlesen.

Diana, der Göttin der Jagd, steht im Gartenparterre und hält Ausschau nach jagdbarem Wild. An Bogen, Pfeilköcher und Jagdhund ist sie leicht zu erkennen. Geschaffen wurde die Skulptur 1785 von Roman Anton Boos.

Vor dem Südeingang der Badenburg steht eine besonders prächtige Buche mit roten Blättern. Die leuchten im Sommer und Herbst in der Morgensonne und abends wie flüssiges Gold. An ihrem Stamm seht Ihr ein kleines grünes Schild. Es weist darauf hin, dass diese Blutbuche ein Naturdenkmal ist, das weder gefällt noch beschädigt werden darf.

Könnt Ihr Euch vorstellen, was die alte Linde vor der Badenburg schon alles erlebt und gesehen hat?

Der Schwan kann nicht lesen und geht auf's Eis, wenn es für Euch verboten ist.

Mancher altehrwürdige Baum im Park hat viel mitgemacht, auch die beiden Kriege im letzten Jahrhundert. Im Zweiten Weltkrieg sind sogar Bomben auf den Nymphenburger Park gefallen, obwohl alle Schlösschen mit Tarnfarben angemalt worden waren, damit sie nicht so leicht von oben zu erkennen waren. Wer genau hinschaut, kann südwestlich von der Badenburg noch Trichter von den Bomben im Wald sehen. Nach dem Krieg sind die Münchner dann in den Park gewandert, um Holz zu sammeln, damit sie ein kleines Feuer zum Wärmen und Kochen daheim hatten. Auch haben die hungernden Menschen Bucheckern von der Blutbuche und anderen Buchen gesammelt und gegessen. Heute bringen sie den Vögeln und uns ihr altes Brot als Futter.

Die dicke Linde vor der Badenburg am See ist ebenfalls ein Lieblingsbaum von mir. Da habe ich meist schöne, weit umherschweifende Gedanken. Sie hat seit zwei Jahrhunderten den Win-

In der Nähe der Badenburg sitzt schon fast 200 Jahre lang der griechische Hirtengott Pan am Ufer des Sees. Bocksfüßig, mit Fell an den Beinen und Hörnern am Kopf, gehört er zu den Mischwesen, ist weder Mensch noch Tier. Pan spielt auf seiner Flöte, und der Ziegenbock hört ihm staunend zu.

Einst hatte sich Pan in eine Nymphe verliebt. Leider hat die Nymphe seine Liebe nicht erwidert. Um dem Gott zu entkommen, hat sie sich schnell in ein Schilfrohr verwandelt. Pan war entsetzt. Traurig umarmte er das Schilfrohr, und als der Wind hindurchfuhr, hörte er eine klagende Melodie. Dieses Lied wollte er von seiner Liebe behalten und schnitt aus dem Schilf seine Flöte. Wenn Pan auch nicht zur Menschenwelt gehört, ist er doch in unserer Sprache gegenwärtig. das Wort Panik kommt daher, weil Pan einst im Zorn eine Herde zu wilder, panischer Flucht getrieben hatte.

Manche seltsamen, gehörnten Misch-wesen erscheinen bei Schnee im Park. Wer weiß, welche Gestalten sich hier in Schneemänner verwandelt haben.

ter mit den Menschen und Vögeln gesehen, die sich aufs Eis wagen (das ist den Menschen nicht immer erlaubt). Früher gab es eine Bank rund um die Linde. Da hörte sie den Liebespaaren zu, die sich unter ihr ewige Treue schworen und auch sonst viel zu erzählen hatten. Im Sommer aber hatte die Linde viele Jahre lang ihre Freude am Prinzregenten, wenn der seine Gäste in der Badenburg bewirtete und die Schwäne gefüttert hat. Damals herrschte noch die Monarchie in Bayern, das heißt, dass ein König das Land regierte. Ob aber die alten Zeiten besser gewesen sind als heute, das weiß ich nicht.

Wisst Ihr,
was es in der Amalienburg
zu sehen gibt?

Auch über dem Hauptportal der Amalienburg ist Diana, die Göttin der Jagd, mit Pfeil und Bogen, Jagdhunden und vielen Jagdgerätschaften dargestellt.

Als dieses Buch fast fertig geschrieben war, bin ich an einem schönen Vorfrühlingstag fröhlich und traurig an der Amalienburg vorbeigelaufen. Ich war fröhlich, weil der Winter fast vorüber war und die Meisen, der Buntspecht und der Grünspecht laut gesungen und gerufen haben, dass der Frühling jetzt wirklich und ganz bestimmt bald kommen würde.

Traurig war ich, weil ich Euch so gern mehr über die Amalienburg erzählt hätte. Die ist ja wirklich ein Juwel, also ein kostbarer Edelstein, in unserem Park. Eigentlich sollte niemand an ihr vorbeigehen, ohne sie zu besichtigen. Aber, wie ich ja an einer anderen Stelle in diesem Buch schon geschrieben habe: Ich hatte einfach immer Angst, mit Menschen hineinzugehen. Angst, weil ich unter Umständen entdeckt worden wäre und/oder nicht mehr herausgefunden hätte. Dann hätte ich im Schlösschen in all seiner Schönheit womöglich verdursten oder verhungern müssen.

Als ich mit solchen Gedanken unter der Steintreppe am rückwärtigen Eingang saß, huschte plötzlich eine graue Maus mit schwarzen leuchtenden und vergnügten Äuglein neben mich unter die Stufe. »Was macht denn eine vornehme Rötelmaus in meinem Versteck hier?«, fragte sie auf Mäuse-Suaheli, das alle Mäuse in der ganzen Welt sprechen und verstehen können. Sie war so interessiert, freundlich und nett, dass ich ihr spontan mein Herz ausschüttete und von meinem Buch erzählt habe. Da lachte die Hausmaus, denn eine solche war es, ein bisschen und murmelte dann: »Kein Problem, folge mir.« Los ging es, zunächst durch einen dunklen Gang und dann unter einem Holzparkett entlang. Auf einmal waren wir in der Amalienburg, das freundliche, schöne Hausmausfräulein und ich, die vornehme Rötelmaus. Bald war es aller-

Überall im kunstvoll versilberten Stuck des Spiegelsaals der Amalienburg sind Motive aus der Natur zu sehen. Vögel fliegen an der Decke, und Blumen, Büsche und Bäume wachsen an den Wänden hoch. Zwischen den Girlanden und Brunnen rekeln sich, wie draußen im Park, Figuren aus den antiken Geschichten.

dings mit meiner Vornehmtuerei vorbei, denn meine Führerin und Begleiterin wusste alles und noch viel mehr von der Amalienburg. Ich glaube, dass nicht einmal meine Ur-Ur-Ur – Ihr wisst schon – so gut Bescheid gewusst haben wie sie.

Zuerst hat sie mir erzählt, dass der Kurfürst und spätere Kaiser Karl Albrecht die Amalienburg seiner jagdbesessenen Frau Maria Amalia als Jagdschlösschen geschenkt hat. Er ließ sie von dem berühmten Architekten François Cuvilliés erbauen. Der war ja ursprünglich ein Hofzwerg des ›Blauen Kurfürsten‹ Max Emanuel, des Vaters von Karl Albrecht. Der hatte schon erkannt, wie begabt der kleine Mann war, und ihn deshalb nach Paris geschickt, wo er die Kunst der Architektur gelernt hatte. Er kam gerade so rechtzeitig nach München zurück, dass Karl Albrecht ihm den

45

Auftrag geben konnte, ein Schlösschen im Park und später ein Theater in seiner Münchner Residenz zu bauen. Doch nun zu unserer Schlossbesichtigung, ganz ohne Menschen – herrlich war's, sage ich Euch.

Weil die Amalienburg ein Jagdschloss war, und weil zur Jagd Hunde und Gewehre gehören, hat Cuvilliés gleich im ersten Zimmer die Hunde in kleinen Kojen und die Gewehre in Schränken untergebracht. Wenn die Menschen zur Jagd gingen oder von der Jagd kamen, mussten sie sich zuerst in diesem Hundezimmer aufhalten, die Hunde versorgen oder auslassen, die Gewehre aus den Schränken holen oder abstellen und die Stiefel an- oder ausziehen. Dabei konnten sie sich schon an schönen Malereien an den Holzvertäfelungen im ganzen Raum erfreuen.

Ich habe über den Türen Szenen der Rehbockjagd und der Fuchsjagd und eine Eule gesehen, die als Lockvogel für die Krähenjagd benutzt wurde. Damals sind im Nymphenburger Jagdgehege auch Fasane gezüchtet worden, die die Förster dann über die Amalien-

Vom Balkon der Amalienburg hat die Kurfürstin auf die fliegenden Fasane geschossen, wenn ihr die Jagdgehilfen die Tiere zugetrieben haben. Ein Zeitgenosse berichtete: »Sie schießt sehr gut nach der Scheibe und nach Wildpret.«

Das berühmte Hundezimmer in der Amalienburg. Unten hatten die Jagdhunde ihre Kojen, und in den schmalen Schränken darüber waren die Jagdgewehre, die »Kugelbixen«, untergebracht. Die Kurfürstin Maria Amalia mochte ihre Hunde sehr gern und nahm sie überall mit hin. Es heißt: »Die Hunde finden eine große Liebhaberin in ihr, welches man vornehmlich in Nymphenburg an den übel zugerichteten, rotdamastenen Tapeten und Betten abmerken kann.«

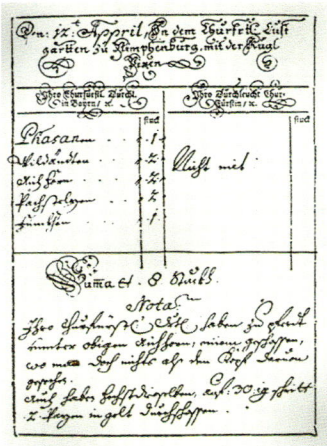

*Über den Türen sind fein gemalte
weiß-blaue Landschaften mit Moti-
ven aus dem früheren Nymphenburger Jagdgehege zu sehen, so wie hier,
wo die Hunde einen Rehbock hetzen.
Heute müssen Hunde im Park an
der Leine geführt werden, damit die
Tiere im Schlosspark nicht aufge-
scheucht werden.*

burg fliegen ließen. Oben auf dem goldenen Balkon der Burg stand
die Kurfürstin und schoss sie herunter. Später hat sie sie in der
Küche selbst gebraten und ihren Gästen vorgesetzt.

Die Küche haben wir uns erst ganz zum Schluss angeschaut. Unter
dem Herd hatte die Hausmaus eine kleine Vorratskammer angelegt, und wir haben in der Küche Brotzeit gemacht wie früher die
Kurfürsten. Es gab Brotkrumen, Walnüsse und Wurststücke, alles
war sehr lecker. So schön ist's in der Amalienburg ohne Menschen.
Aber Euch interessiert sicher viel mehr, was wir vor der Küche und
vor der Brotzeit gesehen haben. Alles konnte mich mir nicht merken, aber ein bisschen will ich Euch doch erzählen, damit Ihr Eure
Eltern bitten könnt, mit Euch bei einer Führung hineinzugehen.

Das kleinste Zimmer nach dem Hundezimmer heißt Retirade. Reti-
rer kommt aus dem Französischen und heißt ›sich zurückziehen‹.
Wenn man ganz genau hinschaut, weiß man warum. Hinter einer
Klapptür war dort nämlich das Klo versteckt. Dann kam noch ein
kleineres blaues Zimmer mit prächtigen Jagdtrophäen, ehe es ins

Ruhezimmer ging, wo sich die hohen Herrschaften nach der Jagd
erst einmal ausruhen konnten. Die Hausmaus erzählte mir, dass
die Kurfürstin sogar ihre Hunde mit ins Bett genommen hat. Es
ist ein wunderschöner Raum, ganz in Gelb und Silber getönt. Die
vertäfelten Wände sind üppig geschnitzt, und die Schnitzereien
setzen sich in den Stuckformen der Decke fort.

Noch schöner fand ich die beiden großen Ölgemälde neben der Bettnische. Da sieht man, wie prächtig der Kurfürst Karl Albrecht jagdlich gekleidet anzuschauen war. Auch die Kurfürstin ist als eine stattliche Dame im Jagdkostüm mit ihrem Hund dargestellt.

Karl Albrecht und Maria Amalia im Jagdkostüm mit Jagdhund, Beute und Gewehr. Auch die reichen Einfassungen der Bilder sind mit allerlei Jagdmotiven fein verziert. Die Ölbilder wurden in der Werkstatt des Hofmalers George Desmarées gemalt.

Ich konnte mir nicht vorstellen, dass es nach diesen Räumen noch etwas Schöneres geben konnte. Und doch war es so. Als wir nämlich in den Spiegelsaal hineingelaufen waren, sagte sie erst einmal gar nichts, und auch ich wurde ganz stumm. Kinder, das ist eine Pracht, die man gesehen haben muss! Ich fürchte, ich kann sie Euch kaum so traumhaft beschreiben, wie sie wirklich ist. Ihr müsst Euch einen kreisrunden großen Raum vorstellen, der ganz silbern schimmert. Fenster und Spiegel vergrößern ihn so, dass er unendlich erscheint. Der Deckenstuck ist – wie ich gelernt habe und wie man ganz leicht sehen kann – ganz auf das Jagdvergnügen und die Tafelfreuden abgestimmt.

Kurfürst Karl Albrecht bekommt trockene Strümpfe und Stiefel angezogen,
nachdem er bei der Wildschweinjagd
im November 1734 in die Würm gefallen
ist. Ausschnitt aus einem Gemälde von
Pieter Jacob Horemans.

Eine Jagdgruppe aus Porzellan, die im
18. Jahrhundert, der Zeit des Kurfürsten Max III. Joseph, angefertigt wurde.

Meine Führerin zeigte mir aus der antiken Götterkunde Diana,
die Jagdgöttin, Amphitrite, Ceres und den vergnügten Bacchus,
den Gott des Weines. Wenn man so viel Zeit hat wie wir und
genauer hinschaut, sieht man ganz viele wunderbare Einzelhei-
ten, die viel über das Leben der Zeit, die Träume und die Erwar-
tungen der Menschen zeigen. Mir wurde zum Schluss ganz schwin-
delig vom Hinschauen.

Ich gebe Euch einen Rat: Schaut Euch das Ganze an! So einen
silbernen Spiegelsaal gibt es nirgendwo auf der Welt noch einmal,
nur hier in Nymphenburg!

Im nächsten Raum, dem Jagdzimmer, könnt Ihr Euch ein bisschen
erholen und, wenn Ihr noch Zeit und Lust habt, die Gemälde dort
genauer anschauen. Sie schildern höfische Jagden und Reiterspiele
in der Barockzeit, bei denen es manchmal recht grausam zugegangen ist. Hirsche ins Wasser hetzen und dann abschießen – das
tut heute kein Mensch mehr, damals aber war es Mode.

Meine Hausmaus wusste noch eine interessante wahre Geschichte vom Kurfürsten zu erzählen, die auf einem Bild an der Aus-
gangswand dargestellt ist. Da wird gezeigt, wie Karl Albrecht, der
auf der Jagd hinter einem großen Wildschwein her geritten ist, in

die Würm gefallen war und im Wasser seine Reitstiefel verloren hat. Er ritt barfuss weiter, und auf dem Bild erkennt man, wie er trockene Hosen und trockene Stiefel anzieht. Daran seht Ihr, dass die Jagd damals nicht ungefährlich gewesen ist.

Ganz zum Schluss wanderten wir in die Küche, die mit weiß-blauen und bunten Kacheln aus Holland getäfelt ist. Auch der Herd mit einer großen eisernen Pfanne und Töpfen darauf ist sehenswert. Dort haben wir Brotzeit gemacht, aber das habe ich Euch ja schon erzählt. Über eine Stunde habe ich so die Amalienburg besichtigt, noch dazu mit einer besonders guten Führung. Woher die Hausmaus das alles kannte? Das weiß ich nun wieder nicht. Wahrscheinlich hat sie bei den Besichtigungen der Menschen den Führern besonders gut zugehört.

Ich habe mich bei meiner Führerin, der Hausmaus, höflich bedankt. Vielleicht treffe ich sie ja noch einmal wieder. Natürlich habe ich sie auch zu einem Besuch mit Führung in der Pagodenburg eingeladen. Hausmäuse können aber nicht so weit durch einen Park laufen wie wir Rötelmäuse, die das gewohnt sind. Deswegen fürchte ich, dass sie nicht kommen wird. Macht nichts, vielleicht treffe ich sie ja an der Amalienburg noch einmal wieder. Ich würde sie mir gern noch einmal anschauen. Die Amalienburg meine ich. Und das hübsche und freundliche Hausmausmädchen natürlich auch.

Wisst Ihr,
wie viele Vogelarten
es im Park gibt?

Lachmöwen haben in der Brutzeit einen schokoladenbraunen Kopf. Diese ist im Herbst fotografiert worden.

*I*ch weiß es auch nicht. Einer aber wusste es. Er hieß Walter Wüst und hat ein Buch über den Park geschrieben, in dem er von 73 verschiedenen Brutvogelarten und 85 verschiedenen »Gästen« spricht, die er selbst oder andere dort gesehen haben. Vor vielen Jahren ist er leider gestorben, ich kann mich aber noch gut daran erinnern, wie er immer wieder mit einem großen Fernglas durch den Park spazierte. Meine Mutter nahm mich an die Pfote und sagte ehrfürchtig: »Das ist der Professor Wüst. Er ist ein Freund aller Tiere, besonders der Vögel und der Rötelmäuse.«

Meine Großmutter konnte sich daran erinnern, dass der Professor vielen Tieren im Park das Leben gerettet hat. Das kam so: Als Mün-

So viele Vogelarten wie auf diesem Gemäldeausschnitt in der Amalienburg gibt es im Park leicht. Allerdings sind es keine exotischen Tiere. Oft sind aber die heimischen Vögel ebenso bunt wie die gemalten. Die fliegende Gans in der Mitte könnt Ihr immer im Park treffen. Es ist eine Kanadagans.

Im Herbst fliegen die Gänse oft in Keilform über den Park.

chen die Olympischen Spiele im Sommer 1972 ausrichtete, sollte das Dressurreiten im Nymphenburger Park stattfinden. Viele Leute nennen das Dressurreiten eine königliche Disziplin. Es ist auch sehr stimmungsvoll, wenn ein Reiter oder eine Reiterin mit Musik in das Dressurviereck reitet und den Menschen zeigt, welche Gangarten und Bewegungen ein edles Pferd unter einem guten Reiter vorzuführen vermag. Das ist eine Kunst, und vor der Kulisse des Nymphenburger Schlosses wird diese Kunst wirklich königlich. Es war also eine gute Idee, sie hier bei uns stattfinden zu lassen.

Einige Menschen, die das organisierten, hatten aber Angst, dass die Mücken und Fliegen im Park die zuschauenden Menschen ste-

»Ich kann mich nicht erinnern, inmitten einer so bezaubernden Kulisse so hohe reiterliche Kunst gesehen zu haben«, sagte die Königin von England, als man ihr bei einem Staatsbesuch die hohe Schule der Dressurreiterei vor der Amalienburg präsentierte. Nach der Begeisterung der Königin begann man darüber nachzudenken, ob sich Nymphenburg als Sportstätte für das Dressurreiten nicht geradezu anbieten würde. Am Beginn stand also tatsächlich eine königliche Idee. Der Zuspruch des Publikums war jedenfalls gewaltig. Nymphenburg war als erste olympische Sportstätte in München ausverkauft.

chen würden. Sie schlugen daher vor, den ganzen Park rechtzeitig aus einem Flugzeug mit Mückengift zu besprühen. In ihrer Dummheit bedachten sie nicht, dass dann z. B. viele Singvögel keine Nahrung mehr gehabt hätten und die ganze Nahrungskette in unserem Park völlig durcheinander gekommen wäre. Da hat Walter Wüst so lange in den Zeitungen geschrieben, bis dieser Plan aufgegeben wurde. Die Reiter durften trotzdem im Park ihre Künste zeigen. Den Menschen haben die paar Mückenstiche nicht geschadet. Meine Großmutter hat oft erzählt, wie schön und feierlich das Dressurreiten gewesen ist. Doch nun zurück zu den Vögeln.

Keine Angst. Ich will Euch in diesem Büchlein keine 158 Vogelarten zeigen. So viele Namen kann ja fast kein Mensch und keine Maus behalten. Einige Vögel, die man öfter beobachten kann, solltet Ihr aber doch kennen oder hier kennen lernen.

Das Vogelkonzert im Park wird oft vom Rotkehlchen eröffnet und beschlossen.

Der Buchfink baut besonders sorgfältig sein Nest aus Halmen, Moos und Spinnweben.

Hier füttert ein Kleiber sein Junges.

Wisst Ihr etwas über Vögel auf Bäumen und in Hecken?

Das *Rotkehlchen* kennt Ihr vielleicht schon. Oft sucht es im Winter unter den Futterhäuschen nach Nahrung. Wenn man es im Frühjahr singen hört, mag man kaum glauben, dass ein so kleiner Vogel so laut, so schön und so schluchzend singen kann.

Auch den *Buchfinken* habt Ihr sicher schon einmal gesehen und gehört. Er singt immer die gleiche Strophe, und das Männchen ist sehr viel bunter als das Weibchen, das überhaupt nicht singt.

Die *Amseln* kennt Ihr sicher schon. Morgens und abends könnt Ihr sie bis in den beginnenden Sommer hinein auf den Wipfeln der Bäume sitzen sehen und singen hören. Das Amselmännchen ist schwarz und hat einen gelben Schnabel.

Am besten könnt Ihr Vögel im Winter an den Futterhäuschen und Meisenringen beobachten. Da findet Ihr z. B. die größte Meise. Das ist aber nicht etwa die mit dem schwarzen Oberkopf, der gelben Brust und dem grau-blauen Obergefieder, die *Kohlmeise* heißt und die man am häufigsten im Park sehen kann. Sie hat ihre Nester in Meisenkästen, die an Singvögeln interessierte Menschen überall im Park aufhängen, weil es nicht genug alte Bäume mit verlassenen Höhlen gibt, in denen sie sehr viel lieber brüten würde. Die größte aller Meisen ist der *Kleiber* mit der grau-blauen Oberseite und dem kurzen Schwanz. Er macht schon vor Frühlingsbeginn am meisten Lärm von den kleineren Vögeln. Er kann auch an den Bäumen herunterlaufen, was außer ihm keiner anderen Meise und auch keinem Specht gelingt. Dann gibt es die kleinere, elegante *Blaumeise*, deren schönes Blau im Geäst leuchtet. Die *Tannenmeise* ist kleiner als die Kohlmeise und hat einen hell-

54

Die Blaumeise ist kleiner als die Kohlmeise, sie findet Platz in Nistkästen, in die die Kohlmeise nicht hinein passt.

Mit etwas Glück könnt Ihr im Frühling eine seltene Schwanzmeise entdecken.

Das ist ein großer Buntspecht. Dass es ein Männchen ist, sieht man an dem roten Fleck in seinem Nacken.

grauen Fleck hinter dem Kopf. Viel seltener noch ist die *Schwanzmeise*, die Ihr an dem langen Schwanz erkennen könnt.

Größer als die Meisen sind die Spechte. Vor allem den schwarz-weiß-roten *Buntspecht* könnt Ihr fast bei jedem Spaziergang schon vor Winterende sehen und hören. Wenn Ihr genau hinschaut, seht Ihr den Unterschied zwischen Männchen und Weibchen: Nur das Männchen hat im Nacken einen roten Fleck. Die Buntspechte bauen sich noch richtige Höhlen in den Bäumen im Park. Ihr Trommeln und Rufen zu Beginn der Bauzeit soll allen anderen Buntspechten verkünden, dass der Trommler ein Revier gefunden hat, aus dem er in Zukunft alle Rivalen vertreiben wird. Im späten Frühling könnt Ihr hören, wie die Jungen schreien, und wenn Ihr ganz still seid, könnt Ihr die Eltern mit Futter herbeieilen sehen. Man kann sich kaum vorstellen, wie viele Raupen und Würmer am Tag in den Kehlen von jungen Spechten verschwinden. Größer als der Buntspecht ist von den Spechten im Park der *Grünspecht*. Der ist wirklich grün und hat eine rote Kappe auf. Auch ihn hört Ihr im beginnenden Frühling überall rufen. Er lacht ein bisschen wie ein wieherndes Pferd. Mit Glück könnt Ihr ihn auch am Boden beobachten, wo er auf Ameisenjagd geht. Das ist seine liebste Nahrung.

Es gibt noch so viele andere Vögel im Park. Ich weiß wirklich nicht, wo ich anfangen und aufhören soll. Die schwarzen Krähen seht Ihr überall. Im Park gibt es vor allem die *Saatkrähen*, die Ihr an ihrem weißen Ring am Oberschnabel leicht erkennt. Über die *Rabenkrähen*, die Eier und Jungvögel suchen und fressen, will ich nicht viel erzählen.

Auch über die *Waldkäuze* nicht, die Ihr im Winter in der Sonne vor ihren Höhlen beobachten könnt. Sie sind, so friedlich und dekorativ sie auch vor ihren Höhlen sitzen, die Erzfeinde der Mäuse und trotzdem, ich weiß nicht warum, die Lieblingstiere vieler Parkbesucher. Es gab sie immer schon im Park, und wir müssen damit leben. So viel ich weiß, gibt es wenigstens nur vier Kauzhöhlen im Park. Ich finde, das ist genug.

Die Waldkäuze, die hier so friedlich dösen, jagen am liebsten Mäuse.

Den Eichelhäher verrät sein Warnge-schrei, wenn er eine Gefahr erkennt.

Das ist der Eisvogel. Er sieht doch wirk-lich aus wie ein lebender Edelstein.

Die Seidenschwänze kommen plötzlich im Winter, meistens zu Hunderten.

Den *Eichelhäher* muss ich noch erwähnen, der so schöne schwarz-blaue kleine leuchtende Federn am Flügel hat. Man nennt ihn den Waldpolizisten, weil er durch sein Rufen alle anderen Vögel vor Gefahren wie Sperber und Habicht warnt.

Der allerschönste Vogel ist der *Eisvogel*. Er heißt auch »Fliegender Edelstein« und ist ein Fischfresser, den man nur ab und zu im Winter im Park sieht. Meist sitzt er in der Nähe der Kaskade und auch im Bach an der Pagodenburg, wo wir Rötelmäuse wohnen.

Hübsch sind auch Gäste im Park, die *Seidenschwänze* heißen. Sie kommen manchmal im Winter in Schwärmen von über hundert Stück in den Park, dann turnen sie an den Zweigen der Bäume herum wie Papageien. Sie fressen gern Mistel- und andere Beeren und verschwinden ebenso plötzlich, wie sie gekommen sind.

Zum Schluss zeige ich Euch noch ein Nest mit gerade geschlüpften Jungen. Sie werden von den Eltern gefüttert. Das ist bei fast allen Singvögeln so. Einer allein kann es wirklich kaum schaffen, drei, fünf oder mehr Junge in kurzer Zeit groß zu ziehen. Manche Vögel brüten sogar zweimal im Jahr. Könnt Ihr Euch die Arbeit vorstellen?

Beobachtungsliste
Vögel auf Bäumen
und in Hecken

	Datum	Ort	Bemerkungen
Blaumeise			
Buchfink			
Buntspecht			
Drossel			
Eichelhäher			
Eisvogel			
Grünspecht			
Habicht			
Kleiber			
Kohlmeise			
Misteldrossel			
Rabenkrähe			
Rotkehlchen			
Saatkrähe			
Schwanzmeise			
Seidenschwanz			
Sperling			
Sperber			
Tannenmeise			
Waldkauz			

Diesen schönen und zutraulichen Vogel habt Ihr sicher schon einmal gesehen, wenn noch nicht im Park, so doch wenigstens zwei Seiten zuvor. In der Liste könnt Ihr eure Beobachtungen wie ein richtiger Vogelprofessor eintragen.

Wisst Ihr, woher das Wasser im Park kommt und warum die Fontänen so hoch werden können?

Das Wasser, das mit Kanälen künstlich nach Nymphenburg geleitet wird, spielte im Park eine entscheidende Rolle. In einer Gartenbeschreibung aus dem Jahr 1789 ist von immerhin 638 »springenden Wassern« die Rede. Die Kanäle und Seen bildeten oft den stimmungsvollen Hintergrund für prächtige Feste und Beleuchtungen, die man gerne im Lustschloss Nymphenburg feierte. Als 1729 der Prinz Joseph Ludwig geboren wird, berichtet der kurfürstliche Hofkalender dazu unter anderem: »Abends wurde der ganze Garten illuminiert, während die durchlauchtigsten Personen sich in die auf dem großen Kanal sehr magnifique aufgerichteten Maschinen begaben. Darauf wurde öffentlich gespeist und unter Trompeten- und Paukenschall mit Ablösung der beiderseits des Kanals aufgepflanzten Stücken Ball gehalten.«

$\mathcal{E}$s ist wirklich schade, dass wir Rötelmäuse gar nicht gerne ins Wasser gehen. Ich kann nicht einmal richtig schwimmen, sondern nur gerade so viel paddeln, dass ich nicht ertrinke, wenn ich mal in eine tiefe Pfütze oder in einen Bach falle. Wenn Ihr auch nicht schwimmen könnt, solltet Ihr es wirklich lernen!

Es muss sehr schön sein, wenn man sich im Wasser genau so gut oder sogar noch besser und schneller fortbewegen kann wie auf

dem Lande. Enten, Blesshühner, Gänse und Schwäne bewegen sich dazu ja auch noch in der Luft, was wir Rötelmäuse überhaupt nicht können. Na, alles kann man eben nicht, aber manches würde man gern tun. Zum Beispiel schwimmen. Wie viele Gelegenheiten hätte ich dazu in unserem Park bei Tag oder noch viel besser bei Nacht, wenn die Menschen nicht zugucken. Ich könnte z.B. an der großen Kaskade am Ende des Parks an den Steinfiguren von Donau und Isar, die den Wasserfall einrahmen, vorbeischwimmen und darunter in das Becken springen. Dann könnte ich langsam und gemütlich in den Kanal und dann auf ihm fast bis zum Schloss hinunterschwimmen. Wenn ich wollte und Zeit hätte, könnte ich

Den Weg des Wassers in Kanälen von der Würm im Westen nach Nymphenburg und von dort nach Osten zum Schwabinger Bach im Englischen Garten kann man auf der alten Landkarte von 1796 gut verfolgen. Damals lag Nymphenburg noch fern der Stadt. In den folgenden mehr als 200 Jahren hat sich München so weit ausgebreitet, dass Schloss und Park längst von der Stadt umfasst sind.

Etwa zehn Meter hoch steigt die ›Große Fontäne‹, und doch spritzt sie nur mit halber Kraft. Wäre sie voll aufgedreht, könnte der Strahl 20 Meter hoch sein. Die altbewährte Wassertechnik würde es möglich machen.

auch einen Umweg machen und in den Teichen vor und hinter der Pagodenburg die Frösche, die Karpfen und meine Freunde, die Schwäne, besuchen. Die würden vielleicht gucken, wenn da auf einmal eine Rötelmaus angeschwommen käme, die sie sonst nur vom Land her kennen! Alle meine Besuche wären ganz einfach zu machen, weil alle Teiche durch kleine Bäche miteinander verbunden sind. Deswegen könnte ich auch ganz leicht wieder von den

Poseidon ist der griechische Gott des Meeres, die Römer nannten ihn Neptun. Er ist leicht an seiner Waffe, dem Dreizack, zu erkennen. Im Park, wo Wasser so eine große Rolle spielt, darf der Meeresgott nicht fehlen, der mit strengem Blick über die Kanäle, Kaskaden und Fontänen wacht.

Teichen zurück auf den Kanal schwimmen. Ich könnte mir dabei vorstellen, wie in der Barockzeit kleine Boote und Gondeln mit schön gekleideten Damen und Herren auf dem Kanal gefahren sind, während am Ufer oder auf den Booten Musik gespielt hat. Anschließend, natürlich nach einer Rast, bei der ich der großen Fontäne zuschauen würde, würde ich nach links unter der Brücke zum großen Teich an der Badenburg schwimmen. Dieser Teich ist natürlich selbst für eine gut schwimmende Rötelmaus viel zu groß, um ihn in einem Zug zu überqueren. Ich könnte aber auf der Insel Rast machen und dabei den Schwänen und Enten beim Nestbau zusehen und dann gemütlich zum Apollo hinüberpaddeln und von da aus am kleinen See entlang zur Pagodenburg zurücklaufen.

Vor lauter Träumen und Vorstellen habe ich Euch jetzt noch gar nicht erzählt, woher das viele Wasser in den Park kommt und warum die Fontänen vor und hinter dem Schloss so hoch spritzen. Das Wasser, in dem ich so gern schwimmen würde, stammt aus der Würm. Sie ist der einzige Abfluss des großen Starnberger Sees, der früher Würmsee hieß und im Süden von München liegt. All dies Wasser fließt erst durch den Schlosspark und anschließend weiter in einen Kanal. Der durchquert später auch noch durch das Olympiagelände, aber dort war ich noch nicht.

Die große Kaskade wird von Figuren des Bildhauers Giuseppe Volpini eingefasst. Der Flussgott links verkörpert die Donau, und rechts wird die Isar dargestellt von einer Quellnymphe. So malerisch liegen sie schon seit 1717 am Wasser.

Es müssen nicht immer gewaltig aufsteigende Fontänen sein, auch mit einem dünn plätschernden Wasser lässt es sich schön pritscheln.

Wenn Ihr vom Parkeingang geradeaus geht, immer am Kanal entlang, kommt Ihr erst an einem großen Parterre vorbei mit einem Springbrunnen, der mal hoch und mal weniger hoch spritzt. Er heißt ›Große Fontäne‹. Dann geht's immer weiter bis zu künstlichen Wasserfällen, die man ›Kaskade‹ nennt. Könnt Ihr Euch vorstellen, dass schon vor beinahe 250 Jahren zwischen der Amalienburg und der Badenburg ein Brunnenhaus angelegt wurde, das diese große Fontäne gespeist und das ganze Schloss mit Wasser versorgt hat?

Wenn Ihr vom Schloss kommt, Euch links haltet, fast bis zur Badenburg, und dann an einem Kanal entlang zurück geht, findet Ihr ein paar kleine unscheinbare Gebäude. Einige davon sind Brunnhäuser, alle zusammen nennt man Dörfel. Darin wohnten früher die Biberwärter und die Arbeiter, die für die Maschinen im Pumpwerk zuständig waren.
1720 wurde das erste Brunnhaus errichtet, um die ›Wasserkünste‹ im Park zu betreiben. Seine jetzige Form hat das Brunnhaus 1803 erhalten. Damals wurde es mit Pumpwerken ausgerüstet, die bis heute den Wasserdruck für die Fontäne im Park schaffen. Sie gehören zu den ältesten, ständig betriebenen Maschinen weltweit.

Dass das Wasser auf seinem Weg wahre Wunder vollbringt, wie die Kaskade und die Fontäne, ist der Kunst der Wasserbau-Ingenieure zu verdanken. Die Pumpwerke, die Ihr heute sehen könnt, hat Joseph von Baader konstruiert – ohne Computer natürlich, denn die gab es noch nicht, also im Kopf und auf dem Reißbrett. Seine Maschinen sind schon über 200 Jahre alt und immer noch in Betrieb. Das ist eine sehr lange Zeit. Sie funktionieren noch genauso wie früher und bewirken, dass die beiden Fontänen vor und hinter dem Schloss mal weniger und mal mehr als zehn Meter hoch spritzen. Bei Nacht werden sie abgestellt.

Das Kunstwerk Garten ist auch ein gut überlegtes Zusammenspiel von Natur und Technik. Wie es genau funktioniert, steht auf Tafeln am Brunnhaus angeschrieben. Vielleicht könnt Ihr es schon sel-

Schon 1701 und 1715 hatte Kurfürst Max Emanuel französische ›Fontaineurs‹ für die Wasserkünste im Park nach Nympenburg geholt. Die Pumpwerke von Nymphenburg waren eine tolle technische Errungenschaft, die sogar in einer französischen Enzyklopädie 1751 mit einer anschaulichen Abbildung gewürdigt wurden.

Das Pumpwerk für die Fontäne an der Stadtseite ist seit 1807 in Betrieb. Im Brunnhaus der Orangerie, rechts vom Hauptbau des Schlosses, könnt Ihr die mächtigen Pumpen arbeiten sehen.

ber lesen und verstehen oder es Euch von Eltern oder Großeltern erklären lassen. Mir ist es – ehrlich gesagt – zu kompliziert, und ich warte immer noch auf jemanden, der mir sagen kann, wie es geht. Irgendwie hat das ganze System mit Druck und Unterdruck zu tun. Alles andere müsst Ihr Euch von Menschen erklären lassen, die schlauer sind als eine kleine Maus. Aber ein Wunder sind die Maschinen und das Wassersystem allemal. Und dass man sich den ganzen Nymphenburger Park ohne Wasser nicht vorstellen kann, findet Ihr sicher auch.

Wenn zwei Männchen sich für ein und dasselbe Weibchen interessieren, kommt es im Wasser und zu Lande zu erbitterten Kämpfen, dass die Federn nur so fliegen.

Wisst Ihr, wie viele verschiedene Enten es bei uns im Park gibt? Die Frage ist gar nicht so leicht zu beantworten, wie es aussieht. Die *Stockenten* werdet Ihr schon kennen: die stolzen Männchen mit dem grünen Kopf und den kleinen schwarzen Sicheln hinten am Schwanz. Ihre Weibchen sind – wie immer bei den Enten – einfacher und schlichter gefärbt, braun-weiß nämlich. Dann fallen sie ihren Feinden nicht so auf, wenn sie brüten, also still auf ihren grünlichen Eiern sitzen und sie warm halten. Eines Tages, nach fast einem ganzen Monat, schlüpfen kleine braune Enten aus dem Ei. Sie folgen gleich der Mutter zu Land und im Wasser. Laufen und Schwimmen brauchen sie nicht zu lernen, das können sie von Geburt an. Sie wissen auch sofort, was sie fressen müssen und dürfen, damit sie so schnell wie möglich groß werden. Fliegen müssen sie ja auch noch lernen, schon damit sie den Winter überleben können, wenn bei uns im Park und davor die Seen zufrieren und sie nur noch da leben können, wo Wasser fließt. Wenn das Eis dann zu Beginn des Frühjahres wieder aufgeht, manchmal schon zu Ende des Winters, wenn die Sonne scheint, überkommt die Männchen eine große Unruhe. Sie suchen sich ihre Weibchen aus. Dazu vollführen sie allerlei Kunststücke auf dem Wasser, spritzen und werfen sich in Positur. Ich muss immer lachen, wenn ich aus meinem Mauseloch schaue und sehe, wie stolz ein Entenweibchen sich benimmt, wenn sich zwei schöne Entenmänner richtig um es streiten. Manchmal zieht so ein Weibchen dann aber auch mit einem ganz anderen Männchen davon, und die beiden Streithähne haben das Nachsehen. Das soll es bei den Menschen ja auch geben. Vielleicht sogar bei Euch auf dem Schulhof.

Das Männchen der Kolbenente hat einen richtigen Plüschkopf.

Bei den Reiherenten müsst Ihr auf die knallgelben Augen achten.

Tafelenten brüten nicht bei uns. Ihr seht sie nur im Herbst und Winter.

Ich gönne den Entenweibchen ihr kleines, nur sehr kurzes Vergnügen. Sie haben es nicht so leicht in unserem Park. Wenn sie brüten, müssen sie ihre Eier vor den Krähen schützen. Wenn die Jungen noch klein sind, warten die Ratten auf den Moment, in dem die Entenmutter nicht hinschaut. Nachts frisst der Kauz die kleinen Enten, wenn er sie fassen kann. Die Entenmänner, die man Erpel nennt, kümmert das alles nicht. Sie tun sich zu Männergesellschaften zusammen und jagen die Weibchen, obwohl die mit der Aufzucht der Jungen beschäftigt sind und alles andere als Männer im Kopf haben.

Wenn man viel Glück hat, kann man am großen See noch eine dritte Entenart finden, die hier bei uns inzwischen sogar schon Junge aufgezogen hat. Mein Großvater und mein Vater haben die *Kolbenente* im Park noch gar nicht gekannt. Ich aber habe vor ungefähr fünfzehn Jahren zum ersten Mal um Ostern eine wunderschöne, mittelgroße Ente mit einem braun-roten Plüschkopf, einem roten Schnabel, schwarzem Hals und grau-braunem Gefieder gesehen. Sie folgte mit aufgestellten Kopffedern einem etwas kleineren Weibchen, das einen schokoladenbraunen Oberkopf hatte. Das war etwas Besonderes. Und als ich vier Wochen später das Weibchen mit ihren Jungen traf, war ich ganz stolz darauf, dass es nun drei ständig brütende Enten bei uns im Park gibt.

Da sind die *Reiherenten* freundlicher zueinander. Das sind die kleineren Enten mit den leuchtenden gelben Augen, die so viel tauchen. Die Männchen sind schwarz und weiß gefärbt. Sie haben, wenn Ihr genau hinschaut, am Kopf abstehende lange, dünne schwarze Federn wie ein Reiher. Die Weibchen sind auch hier bescheidener gefärbt. Ich habe noch nie ein Reiherentennest im Park gefunden, so viel ich auch in der Nacht umherlaufe. Sie müssen also ihre Eier sehr gut verstecken. Ihre Jungen kommen später als die jungen Stockenten zur Welt. Sie schwimmen in ihren ersten Lebenswochen ganz, ganz dicht um das Weibchen herum. Das taucht und bietet ihnen gelegentlich sogar Futter an, wenn es wieder auftaucht.

Wenn Ihr zu allen Jahreszeiten besonders nach Enten Ausschau haltet, werdet Ihr im Herbst und Winter auch sicher noch *Tafelenten* sehen. Bei denen hat das Männchen einen fast dunkelroten Kopf und ein hellgraues Rückengefieder. Das Weibchen ist auch hier unscheinbarer. Ihr erkennt es mit Sicherheit daran, dass es

Die Mandarinente ist auch bei uns heimisch geworden. Hier geht sie abenteuerlustig auf Brautschau.

auf dem Oberschnabel den gleichen hellgrauen Fleck hat wie das Männchen. Bis auf die putzige *Mandarinente*, die von weit her aus Ostasien stammt und seit längerer Zeit bei uns heimisch geworden ist, aber im Park nicht brütet, sind andere Enten nur ganz selten von mir beobachtet worden. Manche kommen wahrscheinlich auch vom Tierpark Hellabrunn zu uns herübergeflogen. Die suchen Abwechslung, und vielleicht gefällt es ihnen bei uns besonders gut. Es lohnt sich deshalb, genau Ausschau zu halten. Wenn Ihr schon ein Fernglas habt, ist es noch einfacher. Sicher entdeckt Ihr dann auch einmal eine Ente, die in diesem Buch nicht vorkommt und vielleicht sogar zum ersten Mal bei uns im Park ist.

Nahe der Kaskaden hat eine Blesshuhnfamilie ihr Nest nicht nur sorgsam bewacht, sondern auch mit abgebissenen Margeritenblüten geschmückt. Das sieht doch aus, als wollten die Blesshühner gleich noch einmal Hochzeit feiern.

Wo immer Ihr im Park Wasser findet, sind *Blesshühner* nicht weit. Ihr erkennt sie an dem ganz schwarzen Gefieder und dem weißen Stirnschild, der Blesse, die ihnen ihren Namen gibt. Wenn Ihr im Frühling den Blesshühnern zuschaut, werdet Ihr gleich merken, dass sie recht unruhige und streitsüchtige Parkbewohner sind. Sie raufen genauso, manchmal sogar noch schlimmer, wie die Enten und versuchen dabei, wenn sie es schaffen, ihren ›Feind‹ unter Wasser zu drücken. So rauflustig und streitsüchtig sind sie, dass sie es wagen, mitten auf den Teichen und Seen zu brüten. Jeden Angreifer, auch wenn er viel größer ist, halten sie durch lautes Rufen und Scheinangriffe vom Nest fern. Bei diesen Vögeln sind Männchen und Weibchen um das Wohl der Eier und

Hier seht Ihr, wie es bei einem Kampf um das beste Revier der Blesshühner im Frühling zugeht.

Im Herbst und Winter vertragen sie sich wieder und schwimmen zusammen.

später des Nachwuchses äußerst besorgt. Sie schwimmen gemeinsam mit ihren auffallend aussehenden Jungen, die zuerst keine weiße, sondern eine rote Blesse haben, um ihr Nest herum, tauchen mit ihnen, füttern sie und kehren immer wieder zum Nest zurück. Das tun die Enten, die Gänse und die Schwäne nicht. Auch bei diesen Ausflügen werden Störer unbarmherzig und kämpferisch unter lautem Geschrei verfolgt.

67

Auch wenn sie nur ein einziges Junges haben: Man kann den Kanada- und Graugänsen ansehen, wie stolz sie sind.

Wenn Ihr sagt: zwei, die mit dem schwarz-weißen und die mit den grauen Köpfen, solltet Ihr eigentlich noch einmal durch den Park gehen und genauer hinschauen. Es gibt nämlich mehr als zwei, also vier Arten, die ständig im Park leben. Dazu entdeckt man noch ein paar andere, die ich auch von Zeit zu Zeit einmal sehen konnte.

Am häufigsten sind – da habt Ihr recht – die *Graugänse* und die *Kanadagänse*. Die sind beide fast gleich groß. Ihr findet sie überall im Park, auf den Wiesen und im Wasser, und vor dem Schloss sind sie auch ganz gern unterwegs. Ihr hört sie rufen, wenn sie fliegen, hoch über Euch oder dicht neben oder hinter Euch, wenn sie starten und auf dem Wasser landen. Dann fahren sie die Füße aus wie ein Flugzeug. Ihr seht sie im Frühling. Manche brüten schon, ehe der letzte Schnee geschmolzen ist, und Ihr könnt sie auch im Vorfrühling kämpfen sehen, genauso und nach denselben Regeln wie die Enten und die Blesshühner. Dabei geht es allerdings nicht um ein Weibchen, sondern um die Eroberung eines Reviers, eines Gebietes, in dem die auserwählten Gänsedamen in Ruhe brüten können. Gänse sind ziemlich treu und suchen sich erst dann einen anderen Partner, wenn der alte verstorben ist. Wie es zu den gelegentlichen Mischehen zwischen Graugänsen und Kanadagänsen im Park kommt und, vor allem, was dann dabei herauskommt, weiß ich auch nicht so genau. Jedenfalls sieht man

immer mal eine Kanadagans mit einer Graugans, manchmal auch mit einem oder mehreren Jungen – wo die Liebe eben hinfällt.

Die *Nonnengänse*, von denen mehr als ein Dutzend im Park leben, sind viel kleiner als die Kanadagänse und haben eine viel größere weiße Wange, auch ein mehr schieferfarbenes Gefieder. Sie sind im Norden Europas in Finnland zu Hause und halten sich gern zusammen. So viel ich weiß, haben sie im Nymphenburger Park noch nie Junge bekommen. Auch die aus Indien kommende große *Vierstreifengans*, kenntlich an vier schwarzen Strichen am weißen Kopf, könnt Ihr gelegentlich im Park beobachten.

Manchmal sieht man auch eine *Blessgans*. Sie ist ein ganzes Stück kleiner als die Graugans und hat eine deutlich sichtbare, weiße Blesse am Oberschnabel. Um sie von den Graugänsen zu unterscheiden, muss man trotzdem genau hinschauen.

Auch eine *Rothalsgans*, die sehr exotisch aussieht, habe ich in Nymphenburg schon beobachtet.

Ihr seht also, dass man mit etwas Glück sechs verschiedene Gänsearten in unserem Park bestimmen kann.

Schlafende Nonnengänse. Die zweite Gans von vorne ist wach und passt auf. Das ist immer so, wenn mehrere Gänse beieinander sind.

Vierstreifengans, Nonnengans und Kanadagans. Die Vierstreifengans hat einen Ring um den rechten Fuß, auf dem man lesen kann, wann sie wo geboren wurde. Hier seht Ihr deutlich, dass die Nonnengans die kleinste ist.

Habt Ihr schon einmal gemerkt, wie gleichmäßig und laut jeder einzelne Flügelschlag zu uns auf die Erde hinunter tönt. Es klingt wie »Hau, hau, hau« und noch viel schöner. Und wenn so ein Schwan auf dem großen Teich landet, das Wasser in der Sonne um ihn herum spritzt und in kleinen Diamanten von ihm herunterperlt und alle Enten, Blesshühner und selbst die Gänse ihm eilig Platz machen müssen: Ist das nicht einzigartig?

Auch die Schwäne suchen sich im Frühling ein ungestörtes Revier, aus dem sie ihre Rivalen vertreiben, damit sie in Ruhe brüten können.

Schwäne sind meine Lieblinge.

Wisst Ihr, wie viel eine Rötelmaus wiegt? Bis zu 25 Gramm. Das ist ziemlich viel. Ich wiege nämlich nur 21 Gramm. Das kommt daher, weil ich so viel herumlaufe und die anderen Tiere in unserem Park beobachten will.

Wisst Ihr aber auch, wie viel ein ausgewachsener *Höckerschwan* wiegen kann? 20 Kilogramm, das sind 20 000 Gramm, und jetzt müsst Ihr mir helfen oder Euch helfen lassen, um auszurechnen, wie viel mehr ein Schwan wiegt als eine Rötelmaus. Sehr sehr viel mehr jedenfalls!

Ich bin, so viel weniger ich auch wiege, ganz vernarrt in die Schwäne. Wenn ein Schwan auffliegt, ist das immer ein Anblick, bei dem mein Mäuseherz vor Freude fast stehen bleibt. Ist es nicht ein Wunder? 20 000 Gramm ohne Düsenantrieb, nur mit der Kraft von Flügeln, allein vom Wasser hochwuchten und in die Luft bekommen!

Wenn Schwäne brüten wollen, bauen sie ihr Nest da, wo es ihnen gefällt, manchmal ganz dicht an viel begangenen Wegen. Da sitzen sie abwechselnd auf den Eiern und warten, bis die jungen Schwäne schlüpfen. Wehe, wenn Ihr, ein großer Mensch oder ein Hund es wagen würde, einem Schwan zu nahe zu kommen. Erst zischt er Euch an, und dann schnappt er nach Euch. Und wenn Ihr dann immer noch nicht geht, würde er Euch mit seinen großen Flügeln schlagen. Weil das alle wissen und vor ihm Angst haben, lassen sie ihn in Ruhe. Der Schwan hat im Park überhaupt keine Feinde, das weiß er, und das macht ihn so stolz. Wenn er mit seinen drei, vier oder selten noch mehr Jungen daherrudert, weichen ihm wieder alle anderen Vögel aus. Auf dem Wasser hat er Vorfahrt. Wie stolz er dabei auf seine Jungen ist, kann man ihm und seiner Frau ansehen.

Einige Jahre hindurch haben meine Schwäne auch Besuch von einem sehr eleganten *Schwarzen Schwan* bekommen mit rotem Schnabel und weißen Unterflügeldecken. Vornehm, wie sie sind, haben sie ihn ruhig schwimmen lassen und Abstand gehalten, wenn er ihnen zeigen wollte, wie schön er war. Trotzdem hat er nie ein weißes Weibchen erobern können und ist darum meistens nach einigen Wochen wieder abgereist. Vielleicht zum Tierpark Hellabrunn oder nach Australien, wo er ursprünglich herkommt?

Merkt Ihr was? Ich bin über beide Mäuseohren in die weißen Schwäne unseres Parks verliebt. Das habe ich, wie mein Ur-Ur-Ur – Ihr wisst schon – überliefert hat, mit König Ludwig II. von Bayern, dem Märchenkönig, gemeinsam. Vielleicht habe ich deshalb auch noch kein Weibchen gefunden, das wirklich ganz zu mir passt. Dem König Ludwig ging es ja genauso. Schließlich ist er wie ich ebenfalls im Nymphenburger Park geboren worden, allerdings anders als ich im Schloss und nicht im Mauseloch.

Im frühen Frühjahr feiern die Schwäne Hochzeit auf ihre Art. Dann zeigen sie uns das Schwanenballett, indem ein Paar, das sich versteht, in gleichen Bewegungen nebeneinander herschwimmt und sich seine Liebe erklärt.

Seltener Besuch: ein Schwarzer Schwan, der nicht leicht Anschluss findet.

71

Unterhaltung mit einem Schwan.
Manchmal habe ich das Gefühl, dass
die Tiere die Menschen viel besser ver-
stehen als die Menschen die Tiere.

Eine Sturmmöwe im Park ist selten.

Im Herbst und Winter gibt es Möwen in großer Anzahl. Sie sind überall da, wo es Wasser gibt, besonders aber vor dem Schloss und gleich hinter dem Schloss am Kanal. Die meisten haben im Herbst fast weiße Köpfe, die sich im Februar und März langsam in dunkelbraune Kapuzen verwandeln. Das nennt man bei den Möwen das Prachtkleid. Sie brüten nicht im Park, sondern anderswo an Flüssen und Seen in Kolonien. Auf meinem Bild seht Ihr eine etwas größere Möwe mitten unter den kleineren Lachmöwen. Das ist eine durchziehende Sturmmöwe. Mit diesem Bild will ich Euch zeigen, wie leicht es ist, etwas Besonderes zu entdecken, wenn man nur ganz genau hinschaut.

Die Gänsesäger brüten im Park:
Hier kann man beobachten, wie die
kleinen Gänsesägerkinder schon
schwimmen, sich aber bei Gefahr, oder
wenn sie müde sind, bei ihrer Mutter
auf dem Rücken ausruhen.

Seit einigen Jahren gibt es bei uns im Park die *Gänsesäger*. Ich finde sie wunderschön. Das Männchen hat im Winter und im Frühling einen prachtvollen grün glänzenden Kopf und das Weibchen hat im ganzen Jahr einen rostroten Kopf mit einem richtigen Schopf daran. Die Fischer, die einmal im Jahr die Parkgewässer abfischen und die meisten Fische mit nach Hause nehmen, können die Gänsesäger allerdings nicht leiden, weil sie ihnen ihre Beute wegfressen. Das kann ich zwar verstehen, aber so lange es nicht zu viele von ihnen gibt, habe ich meine Freude an diesen schönen Vögeln.

Das Grünfüßige Teichhuhn balzt in der Nacht. Deswegen könnt Ihr es nicht hören, weil dann der Park ja abgeschlossen wird. Ich höre es oft auf meinen Spazierwegen. Es ruft ganz laut »Kreck-kreck-kreck«, ganz in der Nähe der Pagodenburg.

Das elegante *Grünfüßige Teichhuhn* sieht man bei weitem nicht so oft, und es ist auch nicht so laut wie die streitsüchtigen Blesshühner. Ist es nicht schön wie gemalt, wenn es geschäftig zwischen den Margeriten dahinwandelt? Gut könnt Ihr dabei die grünlichen Füße sehen, die ihm seinen Namen geben.

Wenn Ihr mehr über die Vögel in unserem Park wissen und andere Arten kennenlernen wollt, solltet Ihr Eure Eltern bitten, Euch ein Vogelbuch zu kaufen. Die Beobachtung und das Studium großer und kleiner Vögel im Nymphenburger Park und überall in der Welt macht viel Freude.

Beobachtungsliste
Vögel auf dem Wasser

	Datum	Ort	Bemerkungen
Blessgans			
Blesshuhn			
Gänsesäger			
Graugans			
Höckerschwan			
Kanadagans			
Kolbenente			
Lachmöwe			
Mandarinente			
Nonnengans			
Reiherente			
Rothalsgans			
Schwarzer Schwan			
Stockente			
Sturmmöwe			
Tafelente			
Teichhuhn			
Vierstreifengans			

Wisst Ihr, dass Mäuse auch fliegen können?

Fledermäuse wohnen nicht selten in denselben Bäumen, in denen auch der Waldkauz wohnt, der sie nicht frisst.

Wenn Ihr genau hinschaut, findet Ihr im Park ein paar sehr alte, zum Teil ganz hohle Bäume, an denen ein kleines grünes Schild angebracht ist. »Geschützter Fledermausbaum« steht darauf. Es bedeutet, dass in diesem Baum Fledermäuse wohnen.

Alle Mäuse können es natürlich nicht. Und wir Rötelmäuse schon gar nicht, aber es gibt in unserem Park tatsächlich fliegende Mäuse. Es sind ganz eigenartige Tiere, die weder richtige Mäuse noch richtige Vögel sind. Ihr seht Sie vielleicht einmal in der Abenddämmerung, wenn sie blitzschnell und lautlos in der Luft auf Insektenfang gehen. Mücken und kleine Nachtfalter sind nämlich ihre Hauptnahrung. Weil die nachts gern dahin fliegen, wo Lichtquellen sind, jagen Fledermäuse dort auch am liebsten. Wenn Ihr Glück habt, könnt Ihr sie an einem lauen Sommerabend dabei beobachten. Mit uns Rötelmäusen reden sie nicht, weil sie nie auf dem Boden laufen. Ich weiß auch gar nicht, ob sie überhaupt reden können und ob wir uns verstehen würden. Aber ich weiß, dass sie beim Fliegen ständig ganz hohe Töne von sich geben, die Eure und meine Ohren gar nicht hören können. Das nennt man Ultraschall. Sie erzeugen mit ihrem Maul Schallwellen, die auf Insekten treffen und von diesen zurückgeworfen werden. Damit weiß die Fledermaus ganz genau, wo etwas zum Fressen herumfliegt, und schnappt zu.

Das habe ich vom Professor Wüst gehört, von dem ich Euch schon erzählt habe. Ich fand es unglaublich und habe es mir gut gemerkt. Der Professor hat auch erzählt, dass die Weibchen nur ein einziges Junges pro Jahr aufziehen. Da ist es kein Wunder, dass sie viel seltener sind als Rötelmäuse. Weil die Fledermäuse keine Eier legen und ihre Jungen mit Milch aufziehen, also säugen, sind es keine Vögel, sondern Säugetiere. Ihre Flügel sind auch nicht aus Federn, sondern aus einer sehr feinen Haut, die an den Fingerspitzen und den Hinterbeinen angewachsen ist und, wenn die Fledermäuse schlafen wollen, wie eine Decke über den ganzen Körper gefaltet werden kann. Sie hängen sich beim Schlafen an den Hinterbeinen auf.

Dass es bei uns auch *Rehe* und *Hasen* gibt, wissen viele Besucher gar nicht. Am größten ist die Chance, einen Hasen zu entdecken, im Winter, wenn er still unter einem Busch oder Strauch liegt und sich seine braune Farbe vom weißen Schnee deutlich abhebt. Wenn Ihr nicht gerade schreit, sondern so tut, als würdet ihr über den Hasen hinweg sehen, bleibt er sogar liegen und blickt Euch

Wenn die Hasen Hochzeit feiern, kommen die Hasenmänner aus allen Himmelsrichtungen herbeigeeilt und hoffen, dass die Hasenfrau ihnen ihre Liebe schenkt.

Der Hase sieht Dich und hofft, dass Du ihn nicht entdeckst.

stumm aus seinen schönen goldbraunen Augen an. Unvorsichtig ist er nur im frühsten Frühling, wenn ihn die Liebe überkommt. Dann suchen die Hasen die Häsin und zanken sich um sie ebenso wie die Stockenten. Auch dabei kann es Prügel geben, bis die Wolle fliegt, wie bei den Enten die Federn. Wenn die Häsin dann Junge hat, kümmert sich der Hasenmann überhaupt nicht um seine Nachkommen. Die werden in Büschen oder unter Laub versteckt. Die Häsin besucht sie nur wenige Male am Tag oder in der Nacht, um ihnen Milch zu trinken zu geben. So kommt es vor, dass die Jungen erfrieren, wenn es im März oder April noch sehr kalt ist.

Die Rehe im Park sind im Winter leichter zu entdecken, wenn ihr graubraunes Fell sich in der Wintersonne vom weißen Schnee abhebt. Doch selbst dann übersieht man sie oft, weil ihre Farbe mit dem Boden oder braunen Blättern verschwimmt. Sie verhalten sich ganz still und bewegen sich kaum. Wenn sie aufgeregt werden, sträuben sie die weißen Haare an ihrem Po, die der Jäger Spiegel nennt. Normale Spaziergänger und Jogger lassen sie ganz ruhig nahe vorbeigehen.

Hier seht Ihr Spuren, die Tiere im Schnee hinterlassen. Oben ist ein Reh entlanggezogen. Man kann den Abdruck seiner Schalen gut erkennen. Darunter ist die Spur von einem Hasen. Zuerst kommen hintereinander die Abdrücke seiner Vorderläufe, dahinter nebeneinander die seiner Hinterläufe. Wenn ein Reh oder ein Hase immer den gleichen Weg geht oder läuft, nennt man das seinen Wechsel.

Mit den Hasen haben die Rötelmäuse viel gemeinsam: Die braune Farbe, die verborgene Lebensweise am Waldboden und die ständige Angst vor Menschen, Hunden und Angriffen aus der Luft. Für den Waldkauz, der uns gern jagt, ist der Hase zu groß. Aber Junghasen mag der sicher auch. Der Habicht, ein großer Raubvogel, der ab und zu bei uns auftaucht, mag Hasen wieder lieber als kleine Mäuse. Außerdem stehen bei uns der Mäusebussard und der Turmfalke auf der Feindesliste. Über die erzähle ich lieber nichts, weil es mich immer schüttelt, wenn ich an sie denke. Den *Fuchs,* den Hasen und Mäuse fürchten müssen, gibt es ja Gott sei Dank im Park nur sehr selten. Wer so viele Feinde hat wie wir, muss beizeiten lernen, sich zu verstecken. Tief unter der Erdoberfläche haben wir keine Feinde, und dort ist es für uns deshalb ganz gemütlich.

Bei den *Rehen* ist das anders eingerichtet. Sie müssen nur Jäger und wildernde Hunde fürchten. Wenn Ihr öfter im Park seid und wisst, wo sie sich gewöhnlich aufhalten, habt Ihr es leicht. Dann seht Ihr sie auch öfter. Ihr erkennt den Unterschied zwischen Weibchen und Männchen daran, dass nur der Rehbock Hörner auf dem Kopf hat. Die wachsen in jedem Jahr vom November bis zum März von neuem und sind dann zunächst mit einer Basthaut überzogen. Den Bast streift der Bock an jungen Büschen oder Bäumen ab. Er scheuert sich dort richtig und hat dann für Stunden ein ganz blutrotes Gehörn, während die Bastfetzen und die Rinde von den Fegebäumen herunterhängen. Auf diese Weise markiert er auch sein Revier mit einem für Euch unriechbaren Duft. Die anderen Rehe, die Böcke jedenfalls, wissen dann: »Hoppla, hier ist das Revier von einem anderen Bock, da gehe ich besser in ein unbesetztes Gebiet.« Manchmal kämpfen auch zwei Böcke um das bessere Revier. Das weiß ich von meinem Ur-Ur-Ur – Ihr wisst schon.

Im April verfärben sich die Rehe. Sie werden feuerrot und sind trotzdem im Wald mit dem dichter werdenden Laub immer schwerer zu sehen. Das gilt besonders für die Geißen, die nun ihre Kitze

So schön im Licht sieht man einen Rehbock selten. Meistens dösen sie tagsüber im dichteren Wald und ziehen erst frühmorgens oder abends hinaus auf die Wiesen, um ihren Hunger zu stillen.

bekommen, die ihr ganz, ganz selten und zufällig einmal zu Gesicht bekommen könnt, so wie ich. Ich hatte mich damals mit Mutter Maus so gezankt, dass ich ihr weglief. Dann wurde ich plötzlich von einer Katze verfolgt und rannte in einen Teil des Parks, in dem ich noch nie gewesen war, und auf einmal lag vor mir das kleine Kitz. Es war eine schöne Begegnung, aber ich war doch froh, als ich dann wieder nach Hause fand und meiner Mutter alles berichten konnte.

Die Rehböcke überlassen übrigens den Geißen die Aufzucht der Jungen völlig. Sie kümmern sich um nichts als um ihre eigene Schönheit und verstecken sich im Wald, damit sie möglichst kein Jäger sieht. So ist es bei den Rehen eingerichtet.

Dieses kleine Rehkitz ist vielleicht zehn Tage alt. Seine Mutter hat ihm beigebracht, ganz still zu liegen, bis sie es ruft. Das klingt wie »piuh, piuh«. Dann kommt das Kitz und darf trinken. Laufen kann es schon gleich nach seiner Geburt.

Ich weiß nicht, ob Ihr die *Eichhörnchen* mögt. Es gibt schwarze und rote Eichhörnchen. Sie sind ja größer als die Rötelmäuse und können die Bäume hinauf- und hinunterlaufen. Das können wir auch. Dabei machen sie aber im Gegensatz zu uns viel Lärm. Wenn ihnen etwas nicht gefällt, machen sie noch mehr Lärm. Sie keckern und schimpfen dann richtig. Eichhörnchen haben wenig Scheu vor den

78

Menschen, und darum könnt Ihr sie viel besser und öfter beobachten als Rehe, Hasen und Rötelmäuse. Sie haben nur wenige Feinde. Die Menschen mögen sie besonders gern. Ich schätze sie nicht so besonders. Sie sind zu stolz, um sich mit uns zu befassen, und klauen oft die Sonnenblumenkerne, die aus den Futterstellen auf den Boden fallen, wo sie eigentlich doch uns gehören.
Sehr viele Marder mit dem weißen oder gelben Kehlfleck, die *Steinmarder* oder *Baummarder* heißen, findet man nicht im Park, aber es gibt sie. Sie sind die Erzfeinde der Eichhörnchen. Man sieht sie sehr selten, aber im Winter kann man ihre Spuren finden. Wenn sie nicht im Park leben würden, gäbe es viel zu viele Eichhörnchen. Leider fangen sie auch Rötelmäuse. Ein Bruder von mir ist im letzten Winter gefressen worden, als er abends Futter suchte und nur eine Sekunde lang nicht aufgepasst hat.

Den *Igel* mag ich lieber. Er ist genau so bescheiden wie wir, meistens nachts unterwegs und frisst hauptsächlich Regenwürmer und Schnecken. Manchmal vergreift er sich allerdings auch an sehr jungen Rötelmäusen. Das können wir ihm nicht abgewöhnen. Im Winter hält er einen Winterschlaf in dichten Laubhaufen, in die er sich eingräbt. Wenn Hunde ihn finden, bellen sie meist fürchterlich, aber dem Igel ist das ganz egal. Er rollt sich zusammen und wenn die Hunde merken, dass sie sich an den Stacheln nur eine blutige Pfote oder gar eine blutige Nase holen, lassen sie ihn schnell wieder in Ruhe.

Sicher habt Ihr schon einmal Stallhasen gesehen oder habt selbst welche als Haustier. Sie sind nahe Verwandte des Kaninchens.

Vor der Ringelnatter braucht ihr keine Angst zu haben, sie ist nicht giftig und an den gelben oder weißen Halbmonden am Kopfende leicht zu erkennen. Mit viel Glück könnt Ihr sie auch einmal schwimmen sehen.

Den Teichfrosch hört Ihr schon von weitem, vor allem im späten Frühjahr am kleinen Teich im Pagodenburger Tal. Die beiden Schallverstärker am Kopf hat er aufgeblasen, damit alle hören können, wie schön er singen kann. Glaubt er jedenfalls. Er ist sehr schallempfindlich und nicht leicht im Wasser zu sehen. Wenn Ihr aber ganz still steht und abwartet, entdeckt Ihr ihn plötzlich im Wasser.

Noch ein Tier könnt Ihr manchmal im Park sehen, besonders abends und am frühen Morgen. Wie die Rötelmäuse lebt es auch in Höhlen und muss sich vor vielen Feinden fürchten. Ich meine das *Kaninchen* oder Karnickel. Es sieht auf den ersten Augenblick fast wie ein Hase aus, aber seine Ohren – Löffel nennt sie der Mensch – sind viel kürzer, und das ganze Kaninchen ist nur halb so groß wie ein Hase. Wir leben ziemlich friedlich zusammen. Keine Rötelmaus würde je in der Nähe einer Kaninchenhöhle ihr Loch graben. Und wenn ein Kaninchen mal aus Versehen seinen Gang in der Nähe unserer Höhlen gräbt, dann ziehen die Rötelmäuse woanders hin. Der Park ist ja groß genug.

Im April passiert etwas im Park, was man aber nur sehr selten beobachten kann. Dann feiert die *Ringelnatter* Hochzeit. Ihr erkennt sie an den hellen Flecken am Hinterkopf und dem grauen Schuppenkleid. So eine Ringelnatter kann über einen Meter lang werden. Sie ist für Menschen ganz ungefährlich und frisst hauptsächlich Frösche. Trotzdem: Wenn ich die Ringelnatter kriechen sehe, verstecke ich mich lieber in meiner Höhle und warte, bis sie vorbeigeschlängelt ist.

Auch im Wasser gibt es im Park eine Menge zu entdecken, wenn man genau hinschaut. Im Wasser könnt Ihr sogar die *Schlammschnecke* beobachten. *Karpfen* und gelegentlich einen *Hecht* könnt Ihr von fast allen Brücken aus im Wasser entdecken. Viel mehr will ich über das Wasser nicht schreiben. Mäuse können zwar schwim-

Die Spitzschlammschnecke muss immer mal wieder zum Atmen an die Wasseroberfläche schwimmen, weil sie so wie Ihr ein Lungenatmer ist.

men, aber nicht gern. Die einzige Ausnahme ist übrigens eine entfernte Cousine von mir. Sie heißt *Wasserspitzmaus* und lebt am Fuße des Pan.

Wie viele verschiedene Tiere es bei uns im Park gibt, weiß, glaube ich, niemand. Denn zu den Tieren gehören auch die Ratten, dann die vielen Insekten, die Ameisen, die Spinnen, die Grillen, die Heuhupfer und die Tag- und Nachtschmetterlinge. Es gibt Mücken, Fliegen, Hummeln, Wespen und Bienen und und und … Unter der Erde gibt es außer uns noch den Maulwurf und die Regenwürmer. Tausendfüssler gibt es, Raupen und Kellerasseln. Man kann nicht alle Tiere kennen. Man muss nur wissen, dass sie alle irgendwie zum Park gehören und ihn mit Leben erfüllen. Und sie

Das Tagpfauenauge ist ein besonders schöner Schmetterling, der bei uns überwintert. Wenn Ihr an Brennesseln kleine, dünne, schwarze Raupen seht, sind die von den Pfauenaugen.

haben alle auch Aufgaben. Sie verdienen Eure Zuneigung und Eure Achtung. Am meisten aber brauchen wir, die Rötelmäuse, Eure Tierliebe.

Beobachtungsliste für Tiere

	Datum	Ort	Bemerkungen
Edelmarder			
Eichhörnchen			
Fledermaus			
Frosch			
Hase			
Hecht			
Igel			
Kaninchen			
Karpfen			
Reh			
Ringelnatter			
Rötelmaus			
Schlammschnecke			
Steinmarder			

Wisst Ihr
etwas über die Blumen und Pilze
im Park ?

Von den Pflanzen habe ich Euch noch gar nichts erzählt. Ich zeige Euch deshalb von einigen wichtigen Fotos.

Eine der ersten Blumen im Frühling ist das *Schneeglöckchen*, das Ihr sicher schon kennt. Wie bei den *Schlüsselblumen* kommt es vor, dass es noch einmal schneit, wenn die beiden schon blühen. Ich

Schneeglöckchen, Schlüsselblume und Leberblümchen sind die ersten Frühlingsboten im Park.

freue mich immer, wenn sie trotz des Schnees über die weiße Winterdecke hinausschauen und darauf bestehen, dass der Frühling bestimmt kommt. Früher, als es noch nicht so viele Medikamente in der Apotheke gab, hat man das *Leberblümchen* zur Heilung von Leber- und Gallenleiden und das Lungenkraut zur Behandlung von Lungenkrankheiten verwendet.

Bei den Veilchen gibt es zwei Arten, das größere, hellblaue *Hundsveilchen* und das duftende, tiefblaue *echte Veilchen*. Wenn Ihr daran riecht, könnt Ihr den Unterschied selbst feststellen, aber bitte nicht mehr als eine Blüte abpflücken! Was Ihr vielleicht noch nicht wisst, ist, dass es bei uns im Park auch richtige Orchideen gibt. Die *Nestwurz* ist auch eine Orchidee. Ihre Blüten sondern einen Klebestoff ab, durch den Insekten, die sie berühren, an der Blüte kleben bleiben und sie dadurch befruchten.

Jede Blüte des Lerchensporns hat einen ganz feinen Sporn, schaut ihn genau an.

Das echte Veilchen duftet im Gegensatz zum Hundsveilchen.

Der Ehrenpreis bildet richtige blaue Matten.

Die Frühjahrsmorcheln sprießen bei uns Ende April nach einem warmen Regen aus dem Boden. Sie sind sehr lecker, man muss sie nur gut waschen.

Im Herbst kann man den Hallimasch finden.

Im Sommer findet Ihr die große gelbe *Königskerze*, die früher auch als Heilpflanze verwendet wurde, die *Margerite*, mit der sich ein Blesshuhn sein Nest verschönert hatte, die weiße *Seerose* hinter der Pagodenburg, wo auch die gelbe *Schwertlilie* wächst. Die *Acker-witwenblume* blüht dann ebenfalls mit vielen anderen.

Mit den Pilzen im Park sind wir Rötelmäuse so befreundet, dass wir sie manchmal anknabbern. Sie machen die Gärten vor unseren Höhlen manchmal über Nacht unvermutet schöner. Wenn sie, wie viele von ihnen, Hüte haben, können wir unter diesen Hüten bei Regen im Trockenen sitzen und anschauen, was alles im Wald geschieht.

Nicht nur Mäuse, auch Menschen wissen, wie gut einige Pilze schmecken und wo man sie findet. Sie kommen meistens morgens und nehmen sie mit, die leckeren *Frühjahrsmorcheln* und die ebenso wohlschmeckenden *Maipilze*.

Im Herbst gibt es dann bei uns noch mal Pilze, die die meisten Menschen noch weniger kennen als die Frühjahrsmorchel. Das sind vor allem *Schopftintlinge*. Ich habe Menschen gesehen, die sie gesammelt haben und sagen, sie seien jung so lecker wie Champignons. Junge Schopftintlinge schmecken aber auch mir nicht schlecht. Der *Hallimasch* soll übrigens auch essbar sein, ist aber nur ein Suppenpilz und kein Speisepilz.

Beobachtungsliste
für Blumen und Pilze

	Datum	Ort	Bemerkungen
Bachnelkwurz			
Ehrenpreis			
Frühjahrsmorchel			
Hallimasch			
Hundsveilchen			
Königskerze			
Leberblümchen			
Lungenkraut			
Maipilz			
Margerite			
Nestwurz			
Schlüsselblume			
Schneeglöckchen			
Schopftintling			
Schwertlilie			
Seerose			
Veilchen			
Zweiblatt			

*Neben allen Pflanzen, die im Park wild
wachsen, liebe ich auch die Farbenspiele
durch die langen Blumenrabatten, die
die Gärtner in den Gewächshäusern
vorziehen, bis sie sie dann einpflanzen,
wie hier die Stiefmütterchen unter dem
Flieder.*

*Der Garten ist sehr schön geschmückt!
Hier Statuen und dort Kaskaden,
die ganze Götterzunft, hier Faunen, dort Najaden
und schöne Nymphen, die sich baden
und Gold, vom Ganges hergeschickt,
und Muschelwerk und güldne Vasen
und Porzellan auf ausgeschnittnen Rasen
und buntes Gitterwerk, und – eines such ich nur –
ist's möglich, dass was fehlt? Nichts weiter – die Natur!*

Christian F. Weiße (1642 – 1708)

*Die Königskerze blüht so, dass sie dabei
das Schloss anschauen kann. Früher
hat man Wunden und Geschwüre mit
ihr behandelt. Bei den Bauern auf dem
Land ist sie deshalb Bestandteil des
Kräuterbuschens, der an Maria Him-
melfahrt in der Kirche gesegnet wird.*

*H*abt Ihr etwas gemerkt?

Ich habe für Kinder erzählt, die sich in meinem Park mit seiner Landschaft, seiner Natur und seinen Tieren beschäftigen und sich freuen, wenn sie etwas entdecken. Neugierig sollte man sein und bleiben, neugierig auf alles, was man beim nächsten Mal im Park sehen und erleben wird.

Genug gesehen, gelaufen, gelernt und hoffentlich sich auch gefreut? Dann ab ins Café im Palmenhaus, wo man bei gutem Wetter sehr gut unter Rosen und mit den Spatzen draußen sitzen kann. Zu essen und zu trinken gibt's genug, sogar Walnusseis.

Halt! Noch eine Bitte: Kommt wieder und besucht mich und die anderen Tiere, Bäume, Pflanzen und all das Schöne, von dem ich Euch erzählt habe. Sicher findet Ihr ja auch etwas, von dem nichts in diesem Buch steht. Das wäre doch Spitze!

Dank

Die Idee, ein Buch über den Nymphenburger Park für Kinder zu schreiben, stammt von meiner Frau Anemone. Sie machte mich darauf aufmerksam, dass gerade Kinder fasziniert von meinen Erzählungen und Bildern aus dem Nymphenburger Park waren.

Von da bis zur erzählenden Rötelmaus war ein weiter Weg zurückzulegen. Für einen Amateur mit viel Liebe zum Nymphenburger Park war er nicht immer einfach.

Ich danke allen, die mich dabei hilfreich, anregend und ermutigend begleitet haben: zuerst und vor allem meiner Frau Anemone, dann dem Verlegerehepaar Langemann mit ihren kritischen Kindern Leni und Paul, Imke Bier mit ihrem kreativen Gestaltungskurs, deren Kinder von meiner Idee begeistert waren und das Büchlein mit ihren Arbeiten bereichert haben; Herrn Jacques A. Volland, dem Gründer und Vorstand der Schlossparkfreunde Nymphenburg für manchen Rat und weiterführende historische und botanische Hinweise; und schließlich der Rötelmaus, die mehr und mehr ein Eigenleben entwickelt hat.　　　　　J. D. G.

Bildnachweis

Alle Fotografien stammen vom Autor Johann Daniel Gerstein, ausgenommen S. 6, 20/21, 23 Mitte, 24, 25, 28 Mitte, 29, 31 links, 45 oben, 46 unten, 47 unten, 48, 49 oben, 50 oben, 52, 58/59: Bayerische Verwaltung der staatlichen Schlösser, Gärten und Seen, München; sowie Umschlag, S. 4, 5, 12, 22, 30, 39 oben: Peter Langemann, München. Die Illustrationen S. 2, 53, 69 und 81 entstanden in der Kindermalgruppe Imke Bier. Die Einbandzeichnungen stammen von Schülerinnen und Schülern der 2. Klasse der Grundschule Maria-Ward, München. Die begleitenden Rötelmäuse zeichnete Eugen Sporer.

Druck und Bindung:
Longo, Bozen

ISBN 978-3-933602-16-9